REAL PSYCHOLOGY SERIES
リアル・サイコロジー・シリーズ

REAL CONFIDENCE
自信がつく本

PSYCHOLOGIES 編
中野眞由美＋髙橋功一 訳

Discover

REAL CONFIDENCE
by Psychologies Magazine

はじめに

FOREWORD by Suzy Greaves, Editor, Psychologies

スージー・グリーブズ（『サイコロジーズ』誌編集長）

なんでも実現できる「魔法の杖」をあなたがもっているとします。杖を一振りするだけで自分の何かを変えられるとしたら、何を変えるでしょうか？

「自信」という答えを、私は何度も耳にしました。誰もが心の奥ではこう思っています。「もしあとほんの少し自信があって、ありのままの自分が快適に感じられたら、世界は自分の思い通りになるだろう。なんでもできて、限界なんてなくなるだろう」

しかし、実際には自信がないので、そんなことはできません。そこで仕方なく、おとなしく座り込んで、世界を思い通りに動かし限界に挑戦するのは、別の世界にいる自信のある人たちに任せておくことになります。

もしあなたがそう思っているなら、この本はきっと、あなたの人生を変える手助けになるでしょう。なぜなら、本書を読むと、新しいことに挑戦する勇気が出るからです。

職場での新しい役割や、初デート、新しいスキルの習得など、新しいことを始めようとしたときに怖くなるのは、いたって普通で、健全なことです。本書を読めば、その恐れを乗り越える唯一の方法が勇気をもつことだとわかるでしょう。

あなたが最初に感じる恐れを克服し、気軽に「やってみよう」という気になるまで、少しずつ「安全地帯」から抜け出す方法が本書には書かれています。そのうちにあなたは、自分の能力に対する信頼をもとに自信を築きあげられるようになるでしょう。

勇気と努力が本物の自信を得る秘訣です。あなたが本書を手に取り、私たちとともに旅をする勇気をもってくれたことを嬉しく思います。今までと同じ世界でおとなしく座っているのは終わりにして、世界をあなたの思い通りに動かし、限界に挑戦するときが来たのです。

さあ、準備はいいですか？

序章

INTRODUCTION

こう聞くと驚くかもしれないが、自信に関する本を買うというのは、実は自信のある証だ。『サイコロジーズ』誌では、自信は自己認識から始まるとされている。自己認識とは、自分が何者で、さまざまな状況でどのように生きているかを、正確に知ることだ。

今あなたは、自分に必要なのは本物の自信を見つけることだと考えているだろう。慢性的な自信の欠如が、あらゆる問題の根本原因なのだと気づいているのかもしれない。あるいは、特定の領域でだけ自信が欠如しているということもあるだろう。たとえば、仕事では生き生きとしているのに、パーティーなどでは部屋の隅でひっそりとしているといった具合だ。

また、たとえば人前でのスピーチのように、自信を身につけて乗り越えたいと思っていることが具体的になっている人もいるだろう。

本書を買った理由がなんであれ、確かなことがひとつだけある。それは、あなたはひとりではないということだ。

自信の欠如に悩む人の公式な統計はないが、誰もが大きな関心をもっていることを私たちは知っている。なぜ知っているのかというと、読者に調査を行い、心理学者や心理療法士、ライフコーチ、その他あらゆる専門家にたずねたからだ。

多くの人がグーグルで「信頼」「自信」「自信をもつ方法」そのほか似たようなフレーズを検索している。そこで、最新のあらゆる研究と高度な専門的知識を1冊の本にまとめることにした。私たちは調査を行い、方法を体系化し、実践すべきことが明確にわかるようにしている。

本書が、あなたが自信とは何かを理解し、本物の自信を育てる方法を知る助けになることを私たちは願っている。

自信がもてない理由を知ることが大切なのは当然なのだが、私たちはその理由をあまり深く掘り下げない。あなたが本書を手に取ったのは、過去を捨てて最高の自分になりたいからだろう。そうなれると信じていなかったら、今この本を読んでいないはずだ。すなわち、本書を読んでいること自体が、あなたにはすでに自信があることを示している。

こんなことを書いている本もある。「自信があると感じられるまで自信がある振りをしなさい」

しかし、あなたの好きな俳優を思い出し、なぜその俳優が好きなのかを考えてほしい。その主な理由のひとつは、演じている役がなんであれ、真実味があるからではないだろうか。彼らは演技をしているように見えないだろう。

本書で紹介する私たちの方法は、自信がある振りをするといったようなものではない。リラックスして、どんな状況でもありのままの自分を受け入れてほしい。

私たちが伝えたいのは、自信は個々の性格とはなんの関係もないということだ。また、あなたが自信だと思っているのは実は偽物で、傲慢さや自己愛である可能性が高いということだ。

あなたがなりたいのはそんな人間ではないと思う。難しいと思っていたことに挑戦し、少しずつでも前進し、途中で諦めず、辛抱強くいろいろなスキルを発達させることに集中してこそ、本物の自信は身につくのだ。

本書の使い方

本書は3部構成になっている。

第1部では、「自信」の本当の意味を知ることで、あなたの自信のなさが浮き彫りになる。逆に、実はそれほど悪くないと気づけるかもしれない。

第2部では、今の自分を築いてきたものを探っていく。それを知ることで、前に進むのが楽になるだろう。

最後の第3部では、自信をつけるための実践的なアドバイスをたくさん紹介している。また、あなたがすぐに行動を起こせるよう、本書のいたるところで自信をつけるための方法を述べている。

第1章から第5章の終わりにはテストがあり、自己診断ができる。

私たちが取材したのは、2名の心理学者、2名の演技コーチ、2名のライフコーチ、1名の神経科学者だ。皆それぞれの専門分野でトップクラスの、自信に関する最高の専門家である。ひとつの観点だけではなく、あらゆる側面から、さまざまな分野の専門家の意見を取り上げた。

本物の自信について、『サイコロジーズ』誌なりの多次元的な視点をまとめ上げ、あらゆることに応用できる完璧なアプローチを紹介したいと思っている。あなたが本書を通して自信をつけ、自信が欠如しているから幸せになれないとは思わなくなるよう願っている。

本書に協力していただいた専門家

アニー・アッシュダウン

ロンドンのハーレー・ストリートでビジネスおよびパーソナルコーチを行っている。臨床催眠療法士。顧客にはCEO、弁護士、起業家、外交官、医師、トップビジネスマンがいる。

www.annieashdown.com

@Annie_Ashdown

イローナ・ボニウェル博士

ヨーロッパ・ポジティブ心理学ネットワークの創設者であり、アングリア・ラスキン大学（イギリスおよびフランス）で応用ポジティブ心理学の国際修士課程の長を務める。ポジトラン（子どもの幸せを感じる能力を開発するためのツール）のトレーニング・コンサルタント。ブータンの

ＧＨＰ（国民総幸福論）の枠組み作りに携わっている。

ドーン・ブレズリン

ライフコーチ、テレビのプレゼンター、作家。テレビで幅広く活躍している。イギリスの人気番組だったＧＭＴＶで、プレゼンターと自信構築エキスパートを務め、ディスカバリーチャンネルではライフコーチシリーズのプレゼンターを務める。あらゆる職業や地位の人の自尊心を回復する手助けを行っている。

www.dawnbreslin.com
@DawnBreslin01

ニターシャー・ブルディィオ博士

生物生理学のリサーチ・サイエンティスト。保健科学、心理学、神経科学、栄養学、ＮＬＰの資格を取得。製品イノベータ兼起業家として、イギリスの貿易産業省から奨学金を受け、アメリカのシカゴにあるケロッグ経営大学院で学ぶ。また、ビジネススクールのクランフィールド・マネジメントスクールでも奨学金を受けている。

トマス・チャモロ=プリミュージク博士

心理学者、ユニヴァーシティ・カレッジ・ロンドンとコロンビア大学のビジネス心理学教授。ホーガン・アセスメント・システムズ社（心理プロファイリング）のCEO。金融サービスやメディア消費者、ファッション業界と政府に顧客をもち、BBCやCNN、SKYといったニュース番組に定期的に出演している。

ニキ・フラックス

受賞歴のあるベテランのブロードウェイ女優。監督、演技／コーポレート・トレーニング・コーチ、心理学者、セラピスト、ベルジュラック社の創設者。南メソジスト大学演劇科の元助教授でもある。心理学と神経科学は俳優が緊張を静めることと現実味のある役作りに役立つという。企業向けの主力プログラムは、従業員が人前で話すことへの恐れを克服するためのトレーニングができるパワー・トークだ。

www.nikiflacks.com
www.bergeracco.com/
@NikiFlacksAct

パッツィ・ローデンバーグ

ギルドホール音楽演劇学校のボイストレーニング責任者。ロイヤル・ナショナル・シアターの元ボイストレーニング責任者。ロイヤル・シェイクスピア・カンパニーやロイヤル・コート劇場、ドンマー・ウエアハウス、アルメイダ劇場で、トップクラスのスターたちと仕事をしている。世界中を巡って、ビジネスリーダーやスポーツ選手、政治家たちの指導も行う。

www.patsyrodenburg.com

『自信がつく本』もくじ

第6章 あなたの自信を奪うものは何だろう？

第3部　自信がつく方法を学ぶ

第9章　自信を確立する14の習慣　186

第10章 日々、自信を追いかける 210

1 HOW CONFIDENT ARE YOU?

第1部　本当の自信とは何だろうか?

第1章 自信について知ろう

CHAPTER 1 DEFINING CONFIDENCE –IS IT WHAT YOU THINK IT IS?

あなたは、自分の人生の一部が自信のある人たちのようにうまくいっていないのは、自分に自信が欠けているからだと信じ込んではいないだろうか。

お金が思うほど稼げない、仕事が見つからない、リストラされた、離婚後に恋愛ができない、家が買えない、子どもがもてない、転職できない、ダイエットができない、体を鍛えられない、新しい友だちが作れないなど、うまくいかないことがあっても、あなたは人を責めたりしない。うまくいかないのは自分のせいだ。すべては自信のなさが原因だ。そう思うことはよくある。それはあなただけではない。

現代社会において自信は、人が必死に探し求めてもなかなか見つからないものになっている。自信は重要な概念で、たとえば成功や幸せは自信に左右されると私たちが思い込むようになっただけでなく、どういうわけか、内面の基盤であり、実生活において理想の人生を生み出すものだと思われるようになった。

だが、私たちは自信を本当に理解できているのだろうか。自信とは何かをしっかり理解しなければ、自信を発達させられないのではないだろうか。では、自信とはなんだろう。

「自信」という言葉を詳しく調べていくと、興味深い議論が生まれる。まず、オックスフォード英語辞典の定義から見てみよう。定義のひとつはこうだ。「何か、あるいは誰かを信じたり、信頼したりできるという感覚」。

この定義は私たちに、自分自身を信用し頼ることを学ばなければならないことを思い出させてくれる。

他の定義はどうかというと、オックスフォード現代英語辞典にはこう書かれている。

自分の能力や資質を評価することから生じる自己肯定の感覚。

何かをやって成功するという自分の能力に対する信念。

何かについて確信があるという感覚。

「自己信頼」でさらに調べてみると、このような定義が出てくる。

自分の能力、資質、判断を信頼する感覚。

ふたたびオックスフォード英語辞典で「自尊心」を調べてみると、価値や能力に対する自信よりもさらに一歩踏み込んでいるようだ。

自分の性格や能力に満足しているという感覚。

ということは、自信は自尊心に基づいているのだろうか。自尊心は内面に、自信は外面に表れるのだろうか。

では、自信があるように見えたら、自尊心もあるのだろうか。自尊心が高ければ自己信頼が生まれるのだろうか。これでは堂々巡りになってしまう。

自分なりの自信の定義を見つけよう

もしあなたがいつも冷静だとほめられたり、グループのなかで人を笑わせることができたり、人助けをする仕事をしていたりする場合、自信がないことは人に言えない後ろめたい秘密かもしれない。そして、自信の有無は見た目ではまったくわからないということも、よく理解しているだろう。

他人からは自信があるように見えても、実際は自信がないというのはどういうことだろうか。そうした矛盾を考慮すると、自信とはどう定義できるのだろうか。

日常では使わない心理学用語で「自己効力感」という言葉がある。古きよきオックスフォード英語辞典によると「望んだ、もしくは意図した結果を生む能力」と定義されている。

仮にあなたが、ストレス解消のためにヨガのレッスンに通いたいのだが、何かと先延ばしにしてしまうとしよう。

新しいことはまったくうまくできないと感じるし、グループでの活動が苦手だし、ヨガ用のウェアを着た自分の姿も好きではない、というのが理由だ。

だがついに、どうにも眠りの質を改善したくなって、近所の人が勧めてくれた目立たないクラスに通い始める。そこでは皆フレンドリーだし、ぞっとするようなブランドもののウェアを着ている人もいないし、誰も自分を見ていない。あなたは自分のことも時間も忘れ、リラックスする。最後には、すっかりリフレッシュした気分になる。意図した結果を生み出したのだ。

もし、私たちがそれぞれ自分なりの自信の定義をもてれば、自信に対する考え方は変わるのではないだろうか。自信の定義がはっきりすれば、もっと理解しやすく、自信をもちやすくなるのではないだろうか。

自信をつけるには、やってみること

自信を定義するときの問題のひとつは、これまで心理学者自身が自信についてそれほど研究していないことだ。研究されているのは、自尊心と自己効力感くらいだ。自己効力感は1970年代に初めてカナダの心理学者、アルバート・バンデューラ【1】が提唱したもので、広く研究されている。

自尊心と自己効力感について、ポジティブ心理学者のイローナ・ボニウェル博士はこう定義している。

「自尊心とは、自分を大切にすること。自己効力感とは、何かに挑戦すれば達成できるという自分の能力を信じること」

もしあなたが自分のことを嫌いなら、好きになるのは難しいだろう。嫌いなところがほんの一部だとしても、なかなか好きにはなれないものだ。

たとえば自分の身体が気に入らないとしたら、ジムに行くことを尻込みしてしまうだろう。完璧なシックス・パックの引き締まった身体の人たちが周りにうようよいるところを想像してしまうからだ。

だが、ランニングならやってみようと思うかもしれない。家の近くには美しい公園があるし、学生時代ランニングはかなり得意だったからだ。そうして実際にやってみると、仕事のあとの頭がすっきりして、健康になり、見た目もよくなったことに気づいて得意げになる。

自己効力感をシンプルな言葉で言うとこうなる。

「やってみよう。運動音痴で何年もカウチポテト族だったけど、学生時代ランニングは得意だった。だから、また好きになれるかもしれない。試しにやってみて、様子を見よう」

これはどういうことかというと、自信とは、試しにやってみるだけで培えるスキルだということだ。先のボニウェル博士は次のように言う。

「試しにやってみたからといって、ポジティブな結果が保証されるわけでない。だが、自分にも試してみることができるというポジティブな感覚が得られる」

ボニウェル博士が強く主張しているのは、自信というものに対して、私たちの社会には混乱と誤解があるということだ。自尊心が高い人が必ずしも自信をもっているわけではない。また、自己効力感は常に感じられるわけではない。ある分野で自信がもてる人が、別の分野ではそうではないということもあるのだ。

「自信」の定義を調べ、心理学用語として、あるいは実生活の用語として、深く掘り下げていくと、その意味がもっとわかりやすくなる。

自尊心は自信の一部であり、決して自尊心だけで自信が成り立っているのではない。これはすばらしいニュースだ。なぜなら、自尊心を変えるのはかなり大変だが、自信を発達させれば自尊心も高くなるということだからだ。

この本を読んでいるということは、あなたには新しいことを始める気があり、アドバイスを受ける準備ができているのだろう。その前向きなやる気こそ、自信を得るためのとても重要な要素だ。

もちろん、私たちが自信について考えるときには、ある際立った特徴についても思い浮かべる。輝きだ。自信がある人は輝いているのではないだろうか。

誰もが「光り輝くもの」をもっている

「自信は今この瞬間に存在する。自信こそが、『光り輝くもの』だ」

パッツィ・ローデンバーグ（ボイス&リーダーシップコーチ）

有名人をスターと呼ぶのは、当然ながら星（スター）はまぶしく輝くからだ。単なる人間が星のように光り輝く何かを手に入れるなんて、絶対にできるはずがないとあなたは思っているかもしれない。

だが、有名なスター俳優から仕事の依頼が殺到するパッツィ・ローデンバーグによると、私たちは皆ある種の「存在価値」をもって生まれているという。その存在価値は見失うこともあるが、幸いなことに、私たちがもって生まれた「光り輝く」何かは必ず取り戻せるとローデンバーグは主張している。

意外なのは、何が「光り輝くもの」のもとになり、何がこれに火をつけるのかということだ。ビジネスリーダーやアスリートの指導も行っているローデンバーグの場合、本物の自信は深い知識からもたらされると考えている。だがそれは、現代社会では流行らないとローデンバーグは指摘する。

確かに、彼女の言う通りだろう。グーグルで検索さえすれば、誰でも何かしらのエキスパートになれる時代だ。

しかし、本物の自信は表面的な知識とはほど遠いところにある。ローデンバーグは自己認識について正しく理解させるために、常に古代ギリシアの話をする。

デルポイのアポロン神殿の入口には「汝自身を知れ」という言葉が刻まれていた。自分を知るとは、知識が足りないと認め、知識を増やすということである。

それがあなたに自信をもたらすのだ。私たちは、知識は力だと聞かされてきた。だが実際のところ、知識はそれ以上に重要だ。なぜなら、「光り輝くもの」を生み出すもとになるからだ。

自信を定義するときの問題のひとつは、その複雑さだ。自信があるように見えれば自信があるかというと、それほど単純な話ではない。物怖じしない人を見ると、つい自信があると決めつけてしまいたくなるが、本人もそう思っているかどうかは疑問だ。

自信があるように見えてもそうとは限らない

「何かに対して自信があると気づくのは、たいていそれをやり終えてからだ。『うわ、本当にできた、これで自信がついた』と思ったときだ」

ニキ・フラックス（演技コーチ、心理学者、セラピスト）

役者や演奏家などのパフォーマーは自信が服を着て歩いているようだと思うかもしれない。なぜなら、暗記したことを忘れる心配や、否定的な反応をされるリスクがあっても、観客の前に自ら進んで出て行くからだ。

しかし、元ブロードウェイ女優のニキ・フラックスはこう語る。

「舞台上にいる俳優はすばらしい時間を過ごしているが、楽屋ではひどい気分でいる。緊張で震えているかもしれないし、出番前にはトイレと楽屋を何往復もしているかもしれない。でも、舞台に上がるとリラックスして、緊張なんて吹っ飛んでしまう」

なぜかというと、フラックスによれば、人は何かをしている瞬間に自信があるかどうかなんて考えないからだ。

ここで重要なのは、あなたが自信をつけたいと思うことにも、これがそのまま当てはまるという点だ。

あなたは商品の売り込みがうまい同僚に感心しているかもしれないが、その人は自分に自信があるとは思っていないかもしれない。たくさん練習を重ねてきたのかもしれないし（言い換えれば、膨大な量の知識を吸収したのだ）、好きなことをやっているだけなのかもしれない。それに、プレゼンテーションの前は、緊張しっぱなしなのかもしれない。

要するに、あなたは自信たっぷりに何かをやり遂げられる魔法のような日が来るのを待つ必要はないということだ。とりあえずやってみるだけで、魔法が始まる。

自信にはさまざまな性質がある

「誰かと話している一瞬の間に自信がわき上がったかと思えば、次の瞬間、別の人と話すとその自信は消えてなくなる」

ニキ・フラックス（演技コーチ、心理学者、セラピスト）

自信という言葉が定義しづらく、私たちの人生に当てはめにくい理由は、その変わりやすさにもある。自信は領域ごとに変わるだけでなく、そのときどきでも変わる。これに気づき、予想し、受け入れることが大切だ。

フラックスも言っているように、一瞬で自信がついたかと思えば、次の瞬間には自信をなくしている、というのはまったく普通のことなのだ。

自信とは、さまざまな性質から生まれる気持ちであるととらえると、もう少し理解しやすくなる。少なくともひとつは、あなたに当てはまる性質が見つけられるはずだ。それは、自分で自信があると感じられる要素で、なぜ自信があるのかも自分でわかるだろう。

自信アドバイザーのアニー・アッシュダウンの著書『The Confidence Factor（自信の要因）』によると、自信には7つの性質があるという。

「自分を尊重できる」「自分を承認できる」「自分の価値を認められる」「自分をコントロールできる」「自分を信じられる」「自分に責任をもてる」「自分を主張できる」の7つだ。

もし今あなたがどん底の気分で、どの性質も自分にはないと言いたくなったとしても、この本を読んでいるのだから、「自分に責任をもてる」のではないだろうか。ということは、抜け出そうと思えば今すぐその気分から抜け出せるはずだ。

「自信をもつことによって、自分や自分の能力を肯定的にとらえられるようになる。自信は、しっかりとした信念や、自己肯定感、勇敢さ、自己主張、謙遜、楽観性、熱意によって裏づけられる」

アニー・アッシュダウン（自信アドバイザー）

あなたにとっての自信の定義と本来のあなた、そしてあなたが感じていることを関連づけるのはとても重要だ。

ライフコーチのドーン・ブレズリンは、つらい出来事が原因で自信を失った人々と仕事をするにつれ、自分のなかの自信の定義が変わっていった。

もともとは、自己不信を取り除けば、健全な自尊心や自己信頼から自信が生まれると考えていた。だが、それは陳腐な考え方だと思えてきたのだ。

ライフコーチという仕事は、いろいろな職業のクライアントに、自分が何者であるかを思い出させるプロセスを手助けすることだと気づいたという。

「自信は計画や意図でもてるものではない。自信をもつには、自分を信じ、生きたいように生きられると知ることだ」

ドーン・ブレズリン（ライフコーチ）

これまで自信の定義をさまざまな角度から見てきたのは、自信に対してあなたが作り出したあらゆる幻想を一掃するためだ。

本物の自信とは外見上で判断できるものではなく、何かに挑戦し、最後までやってみようという心の内にある決意だ。そのことを理解して、安心してほしい。

専門家のように見せかけるのではなく、時間をかけて本物の専門家になれるほどの知識を得ることが大切だ。自信とは自分の能力を信じることである。たとえ自分では気づいていなくても、あなたはきっとある領域で自信をもっている。

好きなことや、よく知っていることについては、特に自信があるとは考えたりせずに、ただ、やっているものだ。

自信のことを考えるより、行動してみよう。それを勧める理由は、行動することで自信がついていくからだ。私たちは誰しも、「光り輝くもの」をもって生まれている。生きているうちにそれが見えなくなっているだけなのだ。

私たちは、本書が、あなたが本来の自分の感覚を取り戻し、どう生きたいのかを思い出すのに役に立つよう願っている。

テスト

TAKE THE TEST

あなたの自信はどれくらい？

あなたは日々、どれくらい自信をもっているだろうか。自信が欠けているときは、たいてい他人の目で評価しているものだ。また、自分を卑下することもある。逆に自信過剰だと、自己満足に陥ったり、傲慢に見えたりすることがある。

あなたはどれくらい自信があると感じているだろうか。他の人はどれくらいあなたに自信があると思っているだろうか。どうすれば、はっきりこれくらいだと確信できるだろうか。

これから12個の質問に答えることで、あなたの自信がどれくらいかを評価することができる。その結果をもとに、ちょうどよいバランスを見つける方法がわかるだろう。

質問1
テレビのクイズ番組に出演してみたいですか？
A　はい
B　わからない
C　いいえ

質問2
親友の結婚式で長いスピーチをするとしたら緊張しますか？
A　はい
B　わからない
C　いいえ

質問3
あなたはポジティブな人ですか？
A　はい
B　わからない
C　いいえ

質問4
飛行機を操縦してみたいですか？
A　はい
B　わからない
C　いいえ

質問5
皇族に会ってみたいですか？
A　はい
B　わからない
C　いいえ

質問6
職場の上司の意見に逆らったことがありますか？
A　はい
B　わからない
C　いいえ

質問7
友だちの前で裸になるのは恥ずかしいことですか？
A　はい
B　わからない
C　いいえ

質問8
自分が正しいと思ったら、警察官が相手でも反論しますか？
A　はい
B　わからない
C　いいえ

質問9
攻撃は最良の防御だと思いますか？
A　はい
B　わからない
C　いいえ

質問10

渋滞の道路で車の運転をするのは嫌ですか？

A　はい

B　わからない

C　いいえ

質問11

横断歩道以外でも堂々と道路を渡りますか？

A　はい

B　わからない

C　いいえ

質問12

嵐でもフェリーに乗りますか？

A　はい

B　わからない

C　いいえ

［Aが多かった人］

自分がしていることに確信がある人

リスクが大きいときに頼りになる人だ。あなたは身の回りで起こるあらゆることに関わろうとする。

たとえば、会社であなたの部署がごっそりと体制変更しなければいけなくなったとき、その再編成のプロセスに関わって、よい印象を与えようとする。あるいは、今よりよい立場を得ようとする。同じような状況でも、あまり自信のない人は、訪れる変化にうろたえたり、解雇や異動に怯えたりするはずだ。

だが、自信を過剰に見せつけたり、自分の能力を過信しすぎたりしないように気をつけよう。さもなければ、必要以上のリスクを負う、あるいは、親しい人から傲慢だとか自惚れ屋と思われかねない。

［Bが多かった人］

他の人からも信頼されるに足るくらい、自分を信頼している人

あなたは比較的自分に自信がある。成功するためのリスクを計算し、そのリスクを負う準備ができている。

だが一方で安全を好み、過度なリスクは避けようとする。能力に自信はあるが、あまり過信しないように気をつけており、決断するのは必ずあらゆる選択肢を検討してからだ。

もしリスクに対する自分の態度を意識しながら、危険がない状況ではゆっくりとでも安全地帯から抜け出すよう心がければ、さらに能力が磨かれ、どんな恐れにも対処できるようになるだろう。

成功だけでなく、失敗することにも慣れよう。そうすれば、どんなことでも――いいことであれ、悪いことであれ――対処できるという自信が築けるだろう。それと同時に、スキルの身につけ方と生まれつき得意なことは何かを知ることができる。

［Cが多かった人］

自分の能力を信じていない人

あなたはもともと神経質でかなり控えめだ。そのため、たまに自分を軽視することがある。謙虚さを賞賛する人は多い。特に世界の要人たちは、謙虚さを評価する。一歩下がって、自分が成し遂げたことを思い出し、あなたがもっている才能は何かを考え、自分に自信がある人たちと比較するといいだろう。

過去のキャリアを振り返ってみると意外にも心がはずみ、将来の自分の能力をもっと信じようという気になるかもしれない。

もし主導権を握ることに対する恐れが――特に他の人が一緒のとき――自信を失う原因になっているならば、もっと人と関わり合うといい。あなたの長所を楽しむことだ。

たとえば、チェスが得意なら、チェスクラブに参加しよう。外国語が好きなら、語学の講座に申し込もう。自信が深まるにつれ、他の人はあなたをもっと信頼するようになり、あなたももっと成功できるだろう。

第2章 あなたはなぜ自信がほしいのか？

CHAPTER 2 WHY DO YOU WANT CONFIDENCE-AND WHY DO YOU NEED IT?

「自信」はどこででも使われている言葉のひとつだが、人によって違った意味になる。第1章では、自信の定義を深く掘り下げた。この章ではそこからさらに踏み込んで、あなたにとっての本当の自信とは何かを理解していこう。

たとえば、ノートパソコンが欲しくなってインターネットで調べるとする。いくら出せばいいものが買えるのかをグーグルで検索し、購入者のレビューを読むだろう。だがいくらよく調べたとしても、大失敗する可能性は十分あるのではないだろうか。

自信についても同じだ。消費社会にいる私たちは、何にお金を費やすかを考えるのに多くの時間をかけている。それと同じことを、自分の内面にも取り入れる必要がある。

もちろん、そのためにあなたはこの本を買ったのだろうが、私たちはひとつの公式だけ伝えて、それをやってもらおうとは思っていない。あなたに合わないかもしれないからだ。私たちのやり方が誰にでも合うとは限らない。

なぜ自信をもちたいのか、なぜ自信が必要なのかを考えることは、前に進む方法を明確にするのに役立つ。

自信を追求することは、私たちの社会では比較的新しい現象かもしれない。たとえば、1976年に出版された故ウエイン・ダイアー博士のベストセラー『自分のための人生』の索引には「自信」という言葉が載っていない。

現代は自信への関心が集まりすぎて、私たちが本当に望むもの（夢）と、私たちが本当に必要としているもの（充実した幸せな人生）がわかりにくくなっているのではないだろうか。

自信のない状態こそ最高の出発点

「自信とは、自分がいかに賢いと思うかだ」

トマス・チャモロ＝プリミュージク博士（心理学者）

トマス・チャモロ＝プリミュージク博士は、自信を私たちの内部にあるサーモスタット（自動温度調節装置）に例えている。それは、私たちが望む結果を出せるかどうかを感知しているという。

「私たちが思うほど自信は必要ない」という彼の考え方には安心させられる。彼に言わせると、私たちが目指すべきは「有能になること」だという。だがこれは、自信がある人向けの言葉かもしれない。自信がないのに、有能になれるだろうか。

しかし彼は、自信のなさと高い能力の組み合わせが非常にすばらしい結果をもたらすと主張している。自信が気分をよくすることは彼も否定していないが、自信にはその程度のメリットしかないのだそうだ。

気分がよくなるだけでもかなり大きなメリットだと思えるが、それはまた別の問題だ。私たちが自信が必要だと思うのは、具体的な成功が欲しいからだろう。

だが、経験豊富で性格診断のエキスパートでもある博士が言っているのは、成果と自信を関連づける必要はないということだ。有能になって成功しても気分がよくなるとは限らない。それでも、自信がない状態であり続けるのはいいことだと彼は言う。もっと努力して目標を達成し続ければいいのだ。

言い換えれば「有能なのに自信のない人たちは、成果をあげることで自信のなさからくる不安を解消しようとする」のだ。

このように心理学者が「自信の欠如は高い成果をもたらす動機だ」と言っていることをどう考えればいいのだろうか。彼の言葉を受け入れるのは難しいかもしれないが、自信がないのは悪いことではないとわかっているだけでも、前に進む役に立つ。

抽象的な自信に取り組むより、有能になることに意識を向けるほうが、はるかに簡単で具体的だ。

「能力がないのに自信だけあっても、意味がない」

トマス・チャモロ＝プリミュージク博士（心理学者）

博士の言葉を引用しよう。

私たちの幸福の概念は、残念ながら、いい気分でいられるかどうかにかかっています。

けれど現実には、何かをうまくできれば幸せを感じます。

幸福とは現代の自己陶酔的な概念です。人類がここまで進化できたのは、幸福のおかげではありません。実は、不満こそが成長の母なのです。私たちが本当に心の底から幸福になってしまったら、進化は止まるでしょう。

欲しいものをはっきりさせよう

人生でうまくいかないことをすべて自信がないせいにするのはあまりにも安易すぎる。たとえば、次のように思うことはないだろうか。

①新しい場所に引っ越し、そこで友だちができないのは自信がないせいだ。
②ようやく新しい仕事を見つけたのに、パソコンに自信がないので、いつも不安だ。
③パートナーを得たいが、誰かと親密になる自信がない。

自信がないせいにせず、欲しいものにきっちりと焦点を合わせることで、必要なものが見えてくるはずだ。たとえば右に挙げた例では、

①同じ考えをもった人と会う機会を最大限に増やすためにできることは何か？

②学ぶべきことは何か。どんな知識が欠けているのだろうか？
③デートするのに最良の方法は何か。あなたの性格に一番合う方法は？

欲しいものが具体的であればあるほど、習得する必要があるものに焦点が合いやすくなる。たとえば、あなたが自宅に友人を招待して食事を振る舞うとする。何人分の料理をしなければいけないのかがわからず、それぞれの人の嗜好もまったくわからない場合と、作らなければいけないのは6人分の食事で、そのうちひとりは乳製品が食べられない、ひとりはベジタリアン、ひとりはビーガンだとわかっている場合とでは全然違うだろう。

事前に何も知らなければ、どこから何に手をつけていいかわからない。それに対し、事前にわかっていれば、誰もが何かを食べられるような食事を用意できるだろう。

欲しいものを特定すると、人間が本来もつ心理的欲求に働きかけることができる。第1章で私たちは、自分の能力を信頼する自己効力感を自信の重要な基盤として特定した。

なぜなら、自己効力感は3つの基本的な心理的欲求のひとつ（あとのふたつは自立することと、他者と関わること）であり、欲しいものを正確に特定すれば自信を見つける方法を学べるからだ。

イローナ・ボニウェル博士によると、これは歩き方を覚えるのと同じことだという。幼児の頃、私たちは転ばないでステップを踏む方法を習得してから、どうにか歩けるようになった。

「人間として、私たちには基本的に状況をコントロールする必要性がある。自信は周囲の状況をコントロールすることでもたらされる」

イローナ・ボニウェル博士（ポジティブ心理学者）

人生というものを、次々と現れる困難なことを乗り越えていくものだととらえれば、自信のなさの壁を打ち破ることができるだろう。

誰かから「あなたには自信がない」とか「あなたに必要なのは自信だ」などと言われたことがあるかもしれない。しかし、人はあまり深く考えずに言葉を発するということを覚えておくのは大切だ。

ときには、それがあなたの支えになったり、役に立ったりすると思って言っている場合もあるし、意識しているかどうかはともかく、自信がないことをあなたに思い出させるのが彼らにとって心地よいからというケースもある。

ここで大切なのは、相手にしないことだ。本物の自信を築くというのは、自分の内面に深く入り込み、魂の探求を行い、必要なもの（たとえば、人からのアドバイスやスキル、知識、情報、専門家、ネットワーク、同士の集いのような新たな支援など）は何かをしっかりと探すことだ。

もしあなたの自信の欠如が慢性的なものであれば、途方にくれていてもおかしくない。欲しいものが何かもわからないのだろう。たとえ魔法の杖を一振りしてあなたに自信が与えられても、何が欲しいのかわからず、自信というものをリアルに感じられないかもしれない。だが、あなたの意識を欲しいものに集中させれば、抽象的な望みに気をとられることはなくなる。

自信を得る作業に取り組もう

何が欲しいかという大きな問いはあなたを圧倒することがある。そこで、自信がある人たちはその大きな問いにどのように取り組んでいるのかを明かすことにしよう。自信がある人たちは、自分が何について自信があるのかわかっている。なぜなら、それは自分の知識があることや、自分が専門とすること、経験済みのこと、情熱があることだからだ。

本物の自信のある人たちは自己認識ができており、知識やスキルが欠けているところを把握している。その部分で自信を発達させる必要があると感じたときは、自ら動いて必要なスキルや知識、経験を増やしていく。

ボイスコーチ兼リーダーシップコーチのパッツィ・ローデンバーグは、世界をリードする舞台俳優たちや、ビジネスリーダーやアスリートの指導を行っている。

そういう人たちはとても自信があるように見えるかもしれない。しかし、ひっくり返してこう考えてみてはどうだろうか。トップであり続けている彼らは、新たな領域で常に自信を発達させる作業に取り組んでいるのだ、と。

自信が複雑な理由のひとつは、領域により変化するからだ。もし人生のどの領域でも自信が感じられないとしたら、あるいは、欲しいものが何かがわからないとしたら、ローデンバーグが考えた自信の4つのカテゴリーを使うとよいだろう。そのカテゴリーとは「肉体面」「知性面」「感情面」「精神面」だ。

まずは、今どの領域が大切で、その領域で何を望むのかを自分に問いかけよう。たとえば、一番興味があるのが「精神面」だとする。そこで本を読んだり、ワークショップに参加したりして知識を得たところ、「感情面」「知性面」で満たされていないことに気づく。そして「精神面」への興味から太極拳のクラスに定期的に通うようになり、身体と心がその恩恵を受ける。その結果、「肉体面」で自信がもてるようになるかもしれない。それでもまだ「知性面」と「感情面」では何を望んでいるかをさらに詳しく特定する必要があると感じるだろう。

「すべては知識から始まる」

パッツィ・ローデンバーグ（ボイス&リーダーシップコーチ）

自分の人生を細分化し、分析することによって、自信のなさを解決するためのシンプルな方法をいくつか思いつくかもしれない。ローデンバーグはオリンピック選手と仕事をしている。トップアスリートの彼らは当然ながら、肉体面では自信がある。それと同時に、現在に意識を向けることもマスターしている。だからこそ、メダルがとれたのだ。

そんな彼らがローデンバーグのもとを訪れるのは、スピーチをしなければならないときだ。トップアスリートにとって、人前でのスピーチはまったく新たな領域である。自分の身体で仕事をし、「肉体面」は完璧にマスターしているが、「知性面」はまだマスターできていない。そこで、「知性面」に取り組む必要があるのだ。

あなたは自信を失っていないだろうか？

もしかすると、あなたは自信がないのではなく、もともともっていた自信を失っているといったほうが正確ではないだろうか。

あなたは成功して幸せで自信があったのに、いろんな出来事や状況があなたの自信を奪ったり、少しずつ削っていったりしたのかもしれない。

あなたに起こったことを解明するのは、なぜ自信が必要なのかを知る手がかりになるだろう。自信があるように偽れる人は、表面的には成功した人生を送れるかもしれない。だが、見た目と同じだけの自信を身につけ、偽物だと感じないようにすることのほうが重要だ。

自信の欠如も喪失も、さまざまな形で表れる。たいてい自信のある人を賞賛する心のなかには、彼らがリスクを楽々と受け入れる能力を羨む気持ちがある。だが、リスクを受け入れるのは自信があるということではない。無謀な決断の根底には、自信を装った恐れがある。恐れがあるのは、本物の自信が欠けているか、自信を失っているからだ。


「リスクが自信になるのは、しっかりとした情報を得て、じっくりと検討したときだ」

アニー・アッシュダウン（自信アドバイザー）

当然ながら、人生はそれほど単純ではないし、もしかするとあなたは自信の欠如と喪失、どちらもあると感じているかもしれない。仕事で自信を失ったのは、あなたの存在意義は仕事にあったのに、不況で職を失ったことが原因かもしれない。それに加え、社会的にも本当の自信を感じたことがなかったのかもしれない。

さまざまな出来事で自信を失うことは珍しくない。そのせいで、他の領域の自信もたいしたものではなかったのだと気づかされてしまうのだ。

私たちがあなたにお伝えできるなかで、一番あなたを安心させられるのは、どんな状況も乗り越えられるということだ。

その理由のひとつとして、一度自信を失った人たちが、その状態から抜け出し、他の人が自信を得る手助けをしているからこそ、今ここにすぐれたアドバイスがあるということが挙げられる。

自信アドバイザーのアニー・アッシュダウンは、自信が服を着て歩いているかのようなよい見本だ。

彼女は子役スターからモデルになり、テレビ業界に入ったあと、起業した。金銭的にも、ステータス的にも、表面的には成功していた。だがその裏では、摂食障害を患い、ひどい人間関係やいじめに苦しんでいた。

「成功を維持できるほどの自信がありませんでした。自分が成功に値すると思えなかったのです」とアニーは認めている。
その問題を乗り越えたことが、他の人を助けるためにトレーニングを受けようという刺激になった。彼女が人を教え始めてすぐに気づいたのは、有名人や自営業の人の多くが、自信があるように見えるが本物の自信はなく、能力があるにもかかわらず、自分は成功に値しないと感じるという、彼女と同じ経験をしていたことだった。

自信をもっていると勘違いすることがある。歌の才能があったり、お金を稼ぐ才覚があったりして、特別なことをしなくても成功する場合があるからだ。ところが別の領域では自信がないと感じているとしたら、遅かれ早かれ、いずれ自信の欠如が明るみに出る。しかもそれまでうまくいっていたこともできなくなってしまう。

「自信がないと無防備な状態で軽蔑という攻撃にさらされ、感情だけでなく肉体までも病んでしまう。ペースが速くて試練の多い現代を生きるうえで、自信がないのは危険だ」
アニー・アッシュダウン（自信アドバイザー）

ここでの重要なメッセージは、自信が本物でない限り、人生を生き抜くには不十分だということだ。本物の自信が必要なのは、やっていることの後ろ盾が欲しいからだ。それがなければ、病気になったり、何かに依存したりして、とても不幸になることがある。

もし周囲の環境があなたの自信を損なうようなものならば、燃え尽きるとまではいかなくても、かなり疲れ切っていることだろう。

もし周囲の環境が自信を失う原因になっているとしたら、あなたに必要なのは自信ではなく、環境を変えることや、回復するための時間かもしれない。

第1章でも見たように、他人を自信があると決めつけるのは早とちりだ。それはおそらく間違っている。

この章では、あなたと自信を関連づけて、自信を分析できるようにする手助けをしていこう。この本から得られる最高の学びのひとつは、自信のなさはあなたを成功へと駆り立てるということだ。

なぜかというと、スキルを向上させることと有能になることに焦点を合わせられるからだ。必要なものを特定することで、自信が欲しい領域を正確に絞り込み、嵐のなかで自信という傘を探すのではなく、嵐に立ち向かえる自信というスキルを向上させられる。

「こうなったらいいな」という希望的観測とネガティブな自己信頼を組み合わせるのではなく、あなたが集中しようと決めた領域で有能になるための行動を起こしてもらいたい。

自信の欠如と喪失、あるいはその両方が組み合わさった状態の違いを理解することで、必要なものがとてもよくわかるようになる。もし自信をもつことに取り組む前に、休憩や他のことを先にする必要があるとしても、そのプロセス自体が自信を与えてくれる。

自信を失い続けて何年もつらい時期を過ごしてきたなら、まずは自分を回復させて、欲しいものを考える時間をとる必要があるのだ。

テスト

TAKE THE TEST

あなたは自信過剰？　それとも自信不足？

本物の自信とは自己を認識することだ。何が強みで、どこを発達させる必要があり、知識やスキルや経験が欠けている部分はどこかをよく知ることである。決して、知ったかぶりをしたり、自信がもてるまで自信がある振りをしたりするようなものではない。

本物の自信とは、自分の内面と魂の探求を行い、必要なもの（訓練や実践、メンターなど）をしっかりと見極め、行きたい場所にたどり着けるようにすることだ。何かが本当にうまくなったり、天性のスキルや才能が磨かれたりすることで、自信は生まれる。このテストを行うと、あなたが自信不足なのか、自信過剰なのかがわかるようになる。

質問1
あなたの仕事のスキルについて説明するとしたら
A　いつも最終的にはうまくいかせてしまう。
B　能力以下の仕事をしている。
C　もっと訓練を受けたい。
D　今の役割が気に入っているし、さらに成長できる機会もある。

質問2
知り合いがひとりもいないパーティー会場に着いたら
A　誰も自分のことなんて気にかけてくれない。
B　自分に気づいてもらうには、どうしたらいいだろう。
C　なぜみんなこっちを見ているんだろう。
D　今人と話したい気分かどうか、様子を見てみよう。

質問3
ひとりで仕事をやり終えたら
A　屋根の上からそのことを大声で叫ぶ。
B　上司の耳に入るようにする。

C　心のなかでひっそりと喜ぶ。
D　成功の基盤ができたと思う。

質問4
同僚がいいアイデアをもっていたら
A　自分がいなかったら、そのアイデアは出てこなかったはずだと伝える。
B　何も言わない。それが同僚の仕事なのだから。
C　ほめ称える。
D　賞賛して、同僚の貢献に感謝する。

質問5
あなたにとって、いい上司とは
A　親しみやすくて、愛嬌がある。
B　野心的で、抜け目がない。
C　慎重で控えめ。
D　有能で公正。

質問6
採用の面接に行く前のあなたは

A　あまり深く考えない。
B　その仕事で自分ができることは何かを考える。
C　友人の前で練習を何度かする。
D　その会社の事業内容や役員、自分の立場について調べる。

質問7
履歴書を書いているときのあなたは

A　学歴と主要な経験を誇張する。
B　ところどころで、過去の仕事の内容を誇張する。
C　アピールできそうなことを書き忘れる。
D　タイプミスがないか、確認する。

質問8
鏡を見て思うことは

A　すばらしい。ハリウッドスター並みの笑顔だ。
B　まあまあかな。こんなところだろう。

C　悪くないが、もっとよくなれそうだ。
D　かなりいけてる。

質問9
会社で昇進したいあなたは
A　あちこちでいろんな人にアピールする。
B　人事部長を夕食に招待する。
C　今が本当にベストなタイミングなのかと考える。
D　実地研修に申し込む。

質問10
とても親しい友人から2週間連絡がなかったら
A　自分にはふさわしくない人たちなのだと自分にきっぱり言い聞かせる。
B　連絡してもらえるよう共通の知人に依頼する。
C　自分のことを怒っているのだと思う。
D　どうしているか、連絡してみる。

質問11
最終面接のとき、就業していない空白の2年間について人事部長が聞いてきたら

A 「2年の間に自分のことを深く見つめ直し、以前より2倍強くなって戻ってきました」
B 「今後の見通しを立てるのに、2年のサバティカル休暇をとりました」
C 何も言わない。視線を落として黙り込む。
D 「その2年は大変な時期でしたが、おかげで長所と短所を知ることができました」

［Aが多かった人］

自分を過剰に売り込んでいる人

あなたはよく自信がないと感じ、注目を集めることでそれを補おうとする。だが人前にさらされるのを恐れており、よく不安になる。「この仕事にふさわしいだろうか」「十分な知識があるだろうか」といった具合だ。自分の存在価値を誇張する必要があるのかを考え、過度に売り込むのをやめよう。自分にとっていいことがないばかりか、詐欺師のように見える可能性もある。ありのままでいるだけで、十分存在価値はわかってもらえる。リスクのない状況でありのままに振る舞ってみれば、うまくいくことに驚くだろう。

［Bが多かった人］

自分を偽りすぎている人

あなたはいい資質をたくさんもった魅力的な人だ。だが、嘘や人を騙すのに長けていて、妙な一芝居を打つこともある。人生を楽に生きるのが好きな人だ。

ただ問題は、ありのままの自分を心地よく感じていないことだ。人に見透かされているのではないかと不安を感じている。そのエネルギーを、もっと正直に人生を生きることに使ってみてはどうだろうか。手始めに、必要なときは人に助けを求めてみよう。そうすれば、常に人より一歩先に出ようとするよりもはるかに楽だということがわかるだろう。

［Cが多かった人］

自分を疑いすぎる人

あなたは自分を過小評価するチャンピオンだ。ストレスを感じるような状況を避け、まずは自分の心のなかを穏やかにしよう。友だちと過ごしたり、本を読んだり、セラピストを訪れたりするのはどれも役に立つ。これまでのことを話し、ときどき自分の能力について新たな視点で見てみよう。あなたは、喜びや信念、希望、恋愛、恐れをもたらすものに取り組む必要がある。現実に目を向け、少しずつ自分にやさしくしていこう！

［Ｄが多かった人］

自分のことがわかっている人

あなたは自分の才能や長所、短所がわかっていて、ひとりでいても、誰かといても、穏やかでいられる。人の意見に耳を傾け、公正に自分を表現することができる。いい経験も悪い経験も、関係性を改善したり、スキルを磨いたりする役に立てることができる。

今のスキルをさらに磨かないのはもったいない。才能は伸びもするが、しぼんだり、消えたりもする。もうひとつの罠は、控えめになりすぎることだ。好奇心をもち、自分も他の人も驚かし続けることを学ぼう。

第3章 本物の自信があるとどうなる？

CHAPTER 3 HOW DOES REAL CONFIDENCE FEEL?

私たちに本当に考える必要があるのは、本物の自信があったらどんな気分かという質問だ。だが実は、こんなふうに少し違った聞き方をする必要がある。

「本当の自分でいるとき、自信があったらどう感じるだろう？」

「自分が本当の自分だと、どうしたらわかるだろう？」

自分ではなく相手に意識を向けよう

私たちが自信をどのように体験するかを感覚として知る必要がある。ボイスコーチ兼リーダーシップコーチのパッツィ・ローデンバーグは、一流の俳優やアスリート、ビジネスリーダーたちは、エネルギーを人に与えて、自分も受け取り、自分自身とも他人とも今この瞬間に一緒にいると言っている。この「与える」と「受け取る」の1セットが自信なのだ。

自信がないあなたは、どんな状況であれ、自分に意識が向いている。たとえば、仕事でプレゼンをすることになっているとしよう。あなたの頭のなかはこんな感じかもしれない。

「私はもうだめだ。大失敗する。プレゼンが退屈で、誰も聞いてくれないだろう。言葉が出てこないかもしれない」

あなたは自分のなかにわき上がるネガティブな感情に集中してしまい、プレゼン相手に意識が向いていない。それでは重要なサインを見逃してしまう。

プレゼンを聞いている人のなかには、微笑んでいる人がいるかもしれないし、熱心にあなたの話に耳を傾けてくれている人がいるかもしれないのだ。

自分の心配をするのをやめ、自分と他人を観察できるようになれば、自分と他の人が違ったあり方で一緒にいることが体験できるだろう。

ローデンバーグが勧めるのは、他の人と一緒にいる間、話しているときも、聞いているときも、相手に存分にエネルギーを与えることだ。これを実践すれば、自分がもっと生き生きと感じられ、気づかない間に今より自信のある状態になれるだろう。

「人の話に耳を傾けることができるということは、強いられた自信ではなく、人間味のある自信があなたにはあるということだ。前に進み出て、勇気をもって心を開くこと。それが、自信だ」

パッツィ・ローデンバーグ（ボイス&リーダーシップコーチ）

本物の自信は気分をよくしてくれる

自信の欠如の最大の問題は、話すことから決断することにいたるまで、何でも自分を疑ってしまうという点だ。

もし本物の自信があったら、自分の決断に対しても行動に対しても気分よくいられるはずだ。どんなことも気軽に挑戦してみたくなるだろう。引っ越しでも転職でも、趣味を仕事に変えることでも、やってみなければわからないと感覚的に理解できる。本物の自信があるときには、確信はないがとりあえずやって様子を見ようと思えるのだ。

ライフコーチのドーン・ブレズリンが、人生に変化を与えようとしている（特につらい出来事で自信を失ったあとの）クライアントにいつも伝えようとしているのは、大きな変化は成長の過程だということだ。
もし自分の心に従えば（別の言葉で言うと、内なる小さな声に従えば）変化は恐れではなく楽しみだと感じられる。楽しくても少しビクビクするのは、以前にやったことがないというだけで、とても普通で自然な感覚だ。

「ありのままでいるのが心地いいのなら、自分は何者であるか、何を信じているかを理解したうえで前に進めるということだ。自信とは、自分がやっていることが正しいと心から理解することだ」

ドーン・ブレズリン（ライフコーチ）

おそらくあなたはこう感じているだろう。自信の定義がなんであれ、気分が悪いものではない、つまり、気分がよくなることに関係しているに違いないと。とはいえ、気分のよさと他のこと、特に成功とを関連づけるのは危険だ。
ここで明らかにしておきたいのは、自信があって気分がいいというのは、幸せな気持ちや目標達成とは関係がないということだ。本物の自信は、何かがうまくいかなくても消えるものではない。

自信アドバイザーのアニー・アッシュダウンは、家を失う、パートナーを自殺で失うなど、トラウマになるような大きな出来事を経験している一方、仕事で大成功を収めている。そんな彼女は、自信と成功を結びつけることは危険だと警告する。特に、成功は運次第だからだ。たとえば、宝くじに当たったり、遺産を相続したりしたとして、それで本物の自信がつくだろうか。しばらくの間は、幸福感に酔いしれるかもしれない。だが、運は自信を与えてはくれない。本物の自信を発達させれば、つらい時期を耐え抜き、回復する力となる。

「内に秘めた自信があれば、周囲の状況がひどくなっても、気分よくいられる」

アニー・アッシュダウン（自信アドバイザー）

自信は身体的にも感じられる

ここまで、自信に関する定義と議論は、とてもうまくいっている。だが、心や身体で自信を感じられるだろうか。感じられるとしたら、感覚とは何でできているのだろう。

私たちは曖昧な情報を渡してあなたをモヤモヤさせたくないので、できるだけ正確な情報を伝えよう。となると、科学以外に正確な情報はない。では、生理学的に言うと、体内で何が起こっているのだろうか。

生理学者のニターシャー・ブルディオ博士は次のように述べている。


私たちは誰でもリラックスして、わくわくして、幸せなときがあり、それがどんな感覚か知っています。

「私はリラックスしている。やればできる。わくわくする」

それがまさに自信の感覚です。自信は心の状態ですが、それに加え、身体でも感じられます。脈拍は正常な範囲内で、身体はゆるんだ状態です。ほんの少しお腹がきゅっとなるかもしれません。それはまるで、わくわくすることが起きると予想しているかのようです。とてもすばらしい感覚で、バランスを崩すようなものは何もありません。

自信がないときは、その状態が変わります。心拍数が上がり、腸が活発に動いたり、胃がむかついたりするかもしれません。その感覚は自分ではコントロールできません。

本物の自信は、知識があるとわかっていること、やればできるとわかっていることが土台になっています。つまり、自信がないときは、知らないことがあるのを認め、時間をかけて知識を習得すればいいのです。事前に準備ができていれば、どんなことでも対処できるという感覚になります。運に任せなくてもいいのです。

スポーツ選手は、脳と筋肉に酸素を送ることで、心拍数と呼吸の速度をコントロールできます。そうすることで、脳と筋肉を効率よく働かせるのです。肉体に対する感覚を発達させれば、目標達成のために身体が必要とする状態がわかり、行き詰まることがなくなるでしょう。

本物の自信の感覚が正確にわかっただろうか。自信は内側から感じられ、本当のあなたになることを促す。ありのままで心地よくなるというのは、自分の内側に入っていくことだが、内側にとどまり続けるという意味ではない。

他人との関係で自分自身を自覚する感覚を発達させれば、人間関係が複雑になることはない。それが人間であるということ、そして私たちができる最善のことだ。だが、無理をしたり、自分に厳しくしたりするものではない。ある状況であなたの自信がすっかりなくなってしまったとしたら、本当の自分を取り戻すには、休息してエネルギーを満たす必要がある。これは弱いからなどではなく、自分を大切にしている証だ。

物事がうまくいっていて幸せを感じていた状態とふたたびつながれば、自信は内側にあると思い出すことができる。今あなたがつらい時期を経験していて、最後に幸せやわくわくを感じたときのことを思い出せなかったとしても、あとで思い返せるような幸せを感じる瞬間は訪れる。それがただアイスクリームを買うだけのことであっても。自信が感じられる状態を経験したことがあるとわかれば、勇気がわくだろう。

次の質問を自分にしてみよう。

①最後に自信をもって何かをやったのはいつだろう？　それはどんな感じだった？
②自信がある振りをしていたときのことを思い出してみよう。それはどんな感じだった？
③自信がない状況に陥ったとき、身体の状態はどうなっているだろうか？
④落ち着いているときや、わくわくしているときの身体の状態は？

テスト

TAKE THE TEST

ありのままの自分が好きですか？

もし本物の自信が、ありのままの本当の自分になることだとしたら、その感覚がわかるだろうか。

自分の感情を、ネガティブであれ、ポジティブであれ、どう表現するだろうか。自分の感覚に正直になったら、どれほど心地よいのだろうか。

本当の自分になるとは、あなたにとってどういう意味だろうか。物事がうまくいかないとき、どうすればありのままの自分で心地よくいられるだろうか。

このテストを行えば、ありのままの自分でいるときにどれだけ心地よく感じているかがわかる。ありのまま正直に答えてみよう。

質問1

真実を話すのは

A　健全なことだ。偽善ほど悪いものはない。（1点）

B　そうするべきだ。でもいつもそうでなくてもいい。（2点）

C　危険なことだ。まず、そのことをよく考えるべきだ。（3点）

D　無意味で、危険で、誤解を招くことだ。真実なんてたくさんあるのだから、こだわらなくてもいい。（4点）

質問2

誰かが嘘をついているとわかったら、あなたは

A　何も知らないかのように振る舞う。（4点）

B　すぐに本人に伝えて、どういうことか説明してもらう。（1点）

C　嘘をついていることを知っているとさりげなくわからせる。相手を窮地に陥れたり、怒らせたりする必要などない。（2点）

D　本人と話をするが、すぐに切り上げる。（3点）

質問3

私生活についての話は

A　一切しない。私のことは人に関係ない。（4点）
B　よくする。でも、話題になったときだけだ。（2点）
C　いつも話している。皆、自分の話をするのが好きだし、唯一、話す価値があることだ。（1点）
D　たまに。でも話をするのは親しい人だけだ。（3点）

質問4
あなたにとって、ファッションの流行を追うのは

A　簡単なことだ。他の人と同じような格好をすればいいのだから。（2点）
B　楽しい。個性を表現する方法だから。（1点）
C　浅はかだ。でも、流行にはついていかなくてはいけない。（3点）
D　どうでもいい。流行と関係ない服装が一番いい。（4点）

質問5
他人との関係は

A　控えめだと人から言われる。（3点）
B　人を傷つけたり、いらいらさせたり、驚かせたりする。人になんらかの印象を与える。（1点）

C　人に気に入られようとする。（2点）

D　打ち解けず、自分を表に出さないと人から言われている。（4点）

質問6

自分の意見を言うときは

A　どうしても意見を聞きたいと誰かに促されたら言う。（4点）

B　聞かれるまで待っている。（3点）

C　常に意見を言うが、押しつけがましくない。（2点）

D　聞かれなくても言う。（1点）

質問7

仕事のパーティーで鼻がかゆくなったら

A　何も考えず、鼻をかく。それが何か？（1点）

B　こっそりと指先で鼻をこする。（2点）

C　少し席を外し、鼻をかいてから戻る。（3点）

D　パーティーの間、頑張って我慢する。（4点）

質問8

日記をつけている?

A 日記なんて書くより、人生そのものを生きるほうが大事でしょう?(1点)

B ときどき書こうと思うけど、一度も書いたことはない。(2点)

C 書いてはやめる、というのを何度か繰り返した。(3点)

D もちろん、日記を書くのは大好き。(4点)

質問9

つまらないパーティーに招待されたら

A 言い訳をして行かなくてもいいようにする。(3点)

B 儀礼的な謝罪とともに欠席の連絡をする。(2点)

C 「ありがとう。でも、私には向かないようなので参加しません」と答える。(1点)

D 嫌々行くが、すぐに帰る。(4点)

質問10

交際1カ月で別れたくなったら

A メールを送って別れる。(3点)

B 相手を避け、その態度で察知してほしいと思う。(4点)

C コーヒーを飲みに誘い、すべて話す。(1点)

D　手紙に長々と気持ちをしたため、投函する。（2点）

［10点〜18点］

あなたはありのままのあなたです

真実と誠実さが、あなたの核となる価値だ。真実が人を傷つけたり、怒らせたりすることを、あなたはよくわかっている。だが、長い目で見れば、真実に勝るものはないと信じている。デメリットもある。人はそのままのあなたを受け入れる必要があることだ。あなたは常に人に気を配っているわけではない。知り合ったばかりの頃は特にそうだ。それが鈍感と受け取られ、気分を悪くしたり、怒ったりする人が現れ、誤解をとくのに時間がかかる。そうならないように気をつけよう。

［19点〜25点］

あなたは自分を管理しています

あなたのモットーは「ドラマを引き起こさずに、自分らしくある」だ。周囲の状況や人に応じて、行動を控えたり、言葉を慎んだりすることを知っていて、人のことを考えてから、行動を起こしたり、口を開いたりする。「管理された真実」をよしとするあなたは、どんなことでも表現できるが、穏やかで適切な言葉を使う。

【26点～31点】

あなたは自分を演出しています

あなたは真実しか語らず、決して嘘はつかない。だが、人を傷つけたくないので、すべてを話すわけではない。マナーのよさとルールを守ることがあなたにとっては重要なのだ。控えめな態度は人との関係に影響するが、あなたの自制心は人を閉め出すものではなく、人を受け入れるためのもの。不信のサインではなく、慎重のサインなのだ。

［32点～40点］

あなたは自分を隠しています

真実はあなたにとって単なる幻想だ。人にはいろいろな側面があり、一生を通じて変化し続ける。自分に忠実であることも危険だ。何が人を傷つけ、何が人を騙すことになるのか、そもそも人に本当の自分をさらけ出していいものなのか。

だが、何が害になるのかは、わからない。それに、真実を語っていると主張できる人はいるだろうか。今日考えていたことも、明日になると変わっているかもしれない。人は原則ではなく、そのときどきの状況で動いている。あなたは時間をかけて観察してから行動し、長い間じっくりと考えてから話をする。

こうした習慣を続けていると、問題が起きてくる。自分を解き放てず、感情を押し殺し、人の意見を考えすぎてしまうのだ。あなたのすばらしい知恵を表に出すためにも、本当の自分をさらけ出す必要がある。少なくとも、あなたが信頼できる人たちにはそうしていいだろう。

2 WHY DO YOU LACK CONFIDENCE?

第2部　あなたはなぜ自信をなくしたのか?

第4章 自信のなさはどこからくる？

CHAPTER 4 WHERE DOES YOUR LACK OF CONFIDENCE COME FROM?

自信のなさはどこからくるのだろうか。推測してみてほしい。両親や先生からいつも否定されてきたと感じている人は、子ども時代だと思うかもしれない。

一方、子ども時代はまったく普通だった、あるいは、自信のある領域もあれば、そうでない領域もあったという人たちもいるだろう。

ニューヨーク州立大学バッファロー校が2015年に行った調査【1】によると、否定された幼少期を過ごし、自尊心が低い人は、困難な状況を乗り越えて高い自尊心をもつようになった人よりも「自己概念」が高いことがわかっている。

心理学者は「自己概念」を、自信をもって自分のことを説明する能力と定義している。以前の研究によると、自分のことを心地よく感じられれば感じられるほど、自分が何者であるかがより明確になるとされていた。そんななか、ニューヨーク州立大学バッファロー校は初めて、幼少期の家庭環境が及ぼす影響に焦点を当てた調査を行った。

自尊心が低い人は、普通の人より物事に期待しない。だがそれが、自己概念の高さにつながるのだという。自尊心が高くなければ物事がうまくいかなくてもがっかりしないからだ。もっと多くの研究結果がなければ結論までは出せないが、心にとどめておくべき興味深い結果だろう。どれほど自分のことが嫌いでも、それは必ずしも悪いことではないのだ。

自信のなさは遺伝か、環境か?

私たちの心理学的特性のなかには、環境的要素と遺伝的要素がある。心理学者の間ではよく、「驚異の50%」という数字が使われる。

キングス・カレッジ・ロンドン精神医学研究所のロバート・プロミン教授とコリーナ・グレヴェンは、2009年に行った主要な調査【2】で、自信は遺伝的なものであり、学校の成績も予測できると結論づけている。その調査では、一卵性双生児(同一の遺伝子)と二卵性双生児(同一の環境)が対象となった。

この有力な調査は、自然と自信を身につけている人たちに比べると、遺伝的優位性のない人たちは不利であることを示唆している。

しかし、50％は環境的要素であり、それは両親や家庭環境、住む場所、学校など環境の影響を受ける。そのため、自信の遺伝子をもっていなかったとしても、それを埋め合わせる別の遺伝的要素があって、自信を発達させられるのかもしれない。

あなたが受け継いだあらゆる要素が、自信を発達させるのに役立っているのだ。あなたが本を読めるようになって以来ずっと本の虫で、本からたくさんの情報を吸収してきたとしよう。あるいは、字が書けるようになる前に他の言語を覚えられたとしよう。これらは、自信を発達させる土台として活用できる才能だ。

あなたの環境的／遺伝的要素に加わるのが、子どもの頃の経験だ。この3つの組み合わせが、あなたの内蔵ソフトウェアにプログラミングされているようなものだ。

不具合が生じたのは、子どもの頃かもしれない。子どもの頃は幸せだったのに、大人になるとなぜ問題が起きるのかと困惑する人もいる。また、不幸な子ども時代を乗り越えられないのはなぜかと不思議に思う人もいる。それらを簡単に説明することはできない。

それが人間の心の複雑かつ不思議なところだ。脳はなんらかの方法ですべての出来事を記憶するよう配線されている。

これを脳のソフトウェアと考えてみよう。大脳辺縁系として知られているものだ。あなたのパソコンが特に理由もなくフリーズしたり、うまく動かなかったり、妙な動きをすることはないだろうか。脳にも同じことが起こる。無意識のうちに、今現在の何かが、過去の何かに反応するのだ。

これが、メロドラマから芝居、ポップミュージック、オペラにいたるまで、なんにでも私たちが反応する理由だ。古代ギリシアで演劇が盛んだったのは、記憶された感情が解放できるからだ。

特に理由もなく、一瞬にして自信が崩れ去り、動揺してしまうのは、この記憶された感情に原因がある。

たとえば、あなたが気分のいい一日を過ごしていたところ、駐車違反の取締員があなたの車に近づいてきたとしよう。まだ朝早いし、違反切符を切られるようなことはしていないとよくわかっている。だが取締員の姿があなたに何かを思い出させた。鼓動が速まり、そわそわして、緊張する。何がその状態を引き起こしたのかはわからない。それが自分の自信レベルを表しているなどという心配はしなくていい。普通のことだ。

演技コーチ兼心理学者のニキ・フラックスはこう言っている。

「こうしたわけのわからないものが、私たちのなかにあるのです」

「私たちは皆、恐れに支配されたもっとも未発達な自分のなかにいる」

ニキ・フラックス（演技コーチ、心理学者、セラピスト）

自信を伸ばす子育ての方法

なお、イローナ・ボニウェル博士は自信を育てる子育てについて、次のように述べている。

否定的、肯定的にかかわらず、遺伝的に影響を受けやすい人がいます。これはいい知らせです。なぜなら、こうした子どもたちは両親から肯定的に励まされれば、さらに進歩できるからです。

子どもの頃に主に否定的なフィードバックを受け取っていた人は、自信を発達させるのが難しくなります。何かを達成しても誰もそれを認めてくれないので、達成感がない。そのため、自信を発達させられないのです。

とはいえ、失敗したことや努力しなかったことを認めてあげても無駄です。なんでも認めてあげては、かえって自尊心が低くなります。なぜなら、子どもは自分がうまくできたかどうかを、ちゃんとわかっているからです。

現代のほめて育てるという肯定的な子育ては、否定的な子育てと同じくらいネガティブなのです。これは、スタンフォード大学の心理学者、キャロル・ドウェックが提唱するマインドセットの理論にさかのぼります。

マインドセットは数十年の研究をもとに提唱された理論です。それによると、マインドセット（考え方のパターン）にはふたつのタイプがあります。「しなやかマインドセット」と「こちこちマインドセット」です。

たとえば、子どもに「あなたはすばらしい天才だ」と言った場合、こちこちマインドセットを育てることになり、子どもは自分を賢いと思い込みます。ところが、何か障害にぶつかったとき、自分は賢くない、対処できないと思い、やる気を失ってしまうのです。

こうしたほめ言葉はメリットがないだけでなく、こちこちマインドセットを育てるというネガティブな機能を果たし、その結果、困難なことに対処する力が育たなくなります。自分にできることは何もないから、やらないでおこう、となるのです。

ほめて育てられた人も、否定的に育てられた人と同じように自信がなくて悩むということです。

裏づけとなる科学的な研究はありませんが、両親には学校よりも子どもに対する影響力があります。なぜなら、学校で何かがうまくいかないと、両親が意見を述べ、宿題の手伝いをし、予習が足りないと指摘するからです。

子どもの頃、あなたも気づいたことと思いますが、学校にはたくさんの先生がいて、ひとりずつ違います。でも家では、たとえ両親が離婚したとしても、あなたの母親と父親は変わりません。

子どもたちは自信がつけばつくほど幸せになります。思春期には失った自信を取り戻すことも、再構築することもできます。

ポジティブな思春期を送るには、子ども時代にできるだけ多くの、ポジティブ、ネガティブ両方の状況を経験することです。そうすれば、子どもたちはさまざまな領域で自分の能力を試せます。思春期に失敗を経験するのもいいでしょう。十代の若者は、事前に準備をすることやもっと努力することを失敗から学ぶのですから。

また、自信アドバイザーのアニー・アッシュダウンは子どもの頃の環境について次のように述べている。

幼い頃の経験、両親の考え方や態度、文化や社会の影響、このどれもが環境的要素として加わります。同級生や家族からいじめられたり、教師から批判されたり、絶えず攻撃にさらされたりしていた人は、自信が欠如していることがよくあります。

もし生まれ育った環境さえ違っていれば、今頃もっと自信があったのではないかと思うかもしれない。だが、アッシュダウンは、自分は私立の学校に通っていたが、自信のなさに悩んでいたし、彼女の顧客で中高一貫の私立学校に通っていた人も公立学校に通っていた人と同じく、自信のなさに悩んでいると指摘する。

「学校の環境は家庭環境で培った自信を簡単に奪い去ります」とアッシュダウンは言う。自信を得るには、自信について周囲からいろいろ吹き込まれたことをいったんすべて忘れることだ。自信の欠如は日々学習した行動からもたらされることを忘れないでほしい。決して自分に欠陥があると思わないように。その思い込みは真実からかけ離れている。

アッシュダウンはまた、次のように語っている。

「0歳から5歳まで、私たちは知らない間にたくさんの情報を受け取っています。それはまるで、自分でも知らない体内回路ボックスにテープレコーダーが埋め込まれているようなものです」

そのテープを見つけて再編集しよう。それが、脳に投げ捨てられたネガティブな信念を解放するカギだ。

「忘れてはいけないのは、両親も先生も、自分たちが知っていることを教えただけだという点です」とアッシュダウンは言う。

「自分に問いかける必要があります。愛をもっていろいろなことを教えてくれたけど、彼らのなかで自分自身を認められていなかったのは誰だろう？と」

もしあなたのなかにいる「ご意見番」が「それではだめだ」と言ったら、「それは誰の声？」と自分にたずねてみよう。そのとき最初に思い出してほしいのは、ご意見番の声は真実ではないということだ。次に思い出すべきは、それは絶対にあなたの声ではないということだ！

「誰かの無知があなたの自信を奪ったのか、あるいは、誰かが愛と残酷さをはき違えたのかを特定することは、大きなステップになります」

性別と自信は関係があるのか？

男性は自信があるように見えるので、女性は不満に感じるかもしれない。確かにある意味、男性は自信をもっている。男性ホルモンのテストステロンが自信を高めるからだ。とはいえ、第8章で詳しく説明するが、これは必ずしもあなたが望むような自信ではないかもしれない。

女性の自信に影響する要因でもっとも軽視されているのが、ホルモンの変化だ。生理周期や、エストロゲンとプロゲステロンレベルの変化といったものである。こうした変化は、環境に対する女性の身体の反応や機能に影響を及ぼす。

「冷静さを失っていると感じ、自信がなくなり、物事が手に負えないと思うときが何週間もある」

ニターシャー・ブルディオ博士（生理学者）

本物の自信は、必ずしも性別に左右されるわけではない。

生物学は環境の影響を受ける。これが意味するのは、私たちは誰もが内部に神経回路網、つまり生まれつき固有の生態系をもっているということだ。

「あなたが子どもだとしたら、うまくやっているとほめられると元気になり、神経回路網が輝く」とブルディオ博士は言う。自信過剰で下手くそな歌手が、見知らぬ場所でオーディションを受けて合格できるのだとしたら、それは母親がほめちぎって、彼らの神経回路網を輝かせたからだ。


この章を読んで、あなたは自分がもって生まれた自信はどんなものだろうと思ったことだろう。私たちが環境的かつ遺伝的なもので構成されているとしたら、そしてそれが本当の自分だとしたら、どうすればそれを受け入れ、変えることができるのだろうか。もって生まれた固有のものが問題になるのはいつだろうか。

本書を読んでいるあなたは、すでにこれらの問いに対する答えを見つけ、あなたを不幸にする何かを変えるため、前向きに行動し始めたかもしれない。

これは本来の自分を拒絶することではない。自分の遺伝的自信が何であるかにかかわらず、それを受け入れるにつれ、あなたの周りにあるすべてのものが影響を受けるだろう。

あなたの自信は、遺伝的要素と環境的要素と子どもの頃の経験が合わさってできたものだ。

子どもの頃の経験がポジティブであれ、ネガティブであれ、その両方であれ、重要なのは、いつでも逆転できるということだ。それは今すぐにでも可能である。

次の質問を自分にしてみよう。

①幼い頃はどんな子どもだっただろう？
②学校ではどんなふうに感じていただろう？　先生は励ましてくれただろうか？
③十代の頃はどうだった？
④子どもから大人になるにつれて、自信は変わっただろうか？
⑤自信に影響した重要な出来事があっただろうか？

テスト

TAKE THE TEST

あなたの自信はどんなタイプ？

このテストでは、あなたがどんな自信をもっていて、それがあなたの人生にどう影響しているのかがわかる。

あなたは本物の自信をもっているだろうか。勇敢だろうか。元気がいいだろうか。あるいは、優柔不断なのだろうか。

あなたがもっている自信はどこから来たのだろうか。育ったのは励まし合い、支え合う家庭だろうか、それとも、ほったらかしにされて育ったのだろうか。

あなたがどんな種類の自信をもっているのかを知るために、できるだけ正直に質問に答えよう。

質問1

「不可能だと思わなければ、どんなことでも成し遂げられる」

この格言を聞いてどう思う？

A　そうできる人たちを尊敬する。

B　それが自分のモットーだ。

C　格言は現代にはあまり関係ないだろう？

D　ちょっと危険だ。

質問2

同僚のひとりと意見が合わないときは

A　話し合う。

B　論争する。

C　相手の不意をついて慌てさせる。

D　おとなしくしている。

質問3

あなたがもっとも疑問を抱いているのは

A　現在の世界。

B　他人。
C　疑問はない。
D　自分自身。

質問4
もっともお金と関連していると思う言葉は
A　安心。
B　可能性。
C　力。
D　欲。

質問5
親友はあなたをどんな人だと思っている?
A　思いやりがある。
B　クリエイティブ。
C　ほら吹き。
D　傷つきやすい。

質問6
どのようにして人生で成功する？
A　自分の経験を生かす。
B　うまくいきそうなことに飛びつく。
C　どうなるかわからないことにも挑戦する。
D　自分を欠かせない存在にする。

質問7
あなたが自信を築くのに役立つものは
A　実力を発揮するチャンス。
B　新たにやり直す機会。
C　成功の感覚。
D　自分の価値を感じること。

質問8
人生の流れに身を委ねられる？
A　人生の流れを信頼している。
B　事前に計画して、常に先回りする。

C　人生は勝つための戦いだと思う。

D　流れに逆らっていると思うことがよくある。

質問9

あなたのキャリアプランに疑問が投げかけられているという噂を耳にしたら

A　新しい計画を作る。変化は怖くない。

B　会議を開催してもらい、噂が本当か確かめる。

C　激怒する。絶対に引き下がらないし、聞き入れない。

D　我を失い、噂が本当になると確信する。

質問10

あなたにとって、人前で話をするのは

A　事前準備が必要。

B　楽しい。

C　自分の権威を見せつけるチャンス。

D　基本的に、あり得ないことだ。

質問11
社会と気候の変化に関するカンファレンスで、あなたが議論したいトピックは

A　自分が変われば、世界が変わるということ。
B　未来のエネルギーについて考えること。
C　経済効率と社会的一体性との間で、人間が取り得る立場は何か？
D　シンプルで、明確なこと。すべてを変えるアイデア。

質問12
あなたにとって「ノー」と答えるのは

A　自分を尊重する方法。
B　自然に言える。
C　しょっちゅう言っている。
D　苦痛。

［Aが多かった人］
あなたは本物の自信をもっています

あなたは頼りがいがあり、自分に忠実で、自分の価値に合った生き方をしようとしている。必要なもの、望み、恐れにうまく対処し、本物の自信が表れ、とても堂々としている。

あなたはおそらく愛情深い両親のもとで育てられたのだろう。そこから生まれた一種の安心感が、あなたの自信の土台になっている。それだけでなく、あなたが自信をつけることに取り組んだ結果もあるだろう。自分の価値と内なる資源を意識すれば、幸せな経験と悲しい経験のどちらからでも成長できる方法がわかるだろう。

［Bが多かった人］

あなたは勇敢です

あなたは天性の情熱によって向上することができる。あなたの人生に対する信頼、想像力と現実主義は、あなたに自由をもたらす。

自分が信念をもっていることに関しては、あなたは勇敢に立ち上がる。おそらく子どもの頃から勇気づけられてきたのだろう。人が躊躇するところでも、あえて行動を起こす。

しかし、自分の行動をよく考える必要がある。ときどき時間をとって、才能がある分野で専門知識を伸ばすにはどうしたらいいかと自分にたずねよう。そうすることで、さらに客観的になれる。本物の自信とは、限界を考慮することでもある。

［Cが多かった人］

あなたは厚かましい人です

あなたは自信に溢れている自分を誇示している。自分にしっかりと確信をもっているようだ。おそらく、もちすぎているくらいだろう。だが、心の底から自分を信頼しているだろうか。自分の存在を証明するために注目される必要があるだろうか。

ありのままの自分に感謝しよう。それが真の自尊心を高めるカギだ。それはあなたの価値を認め、本物のスキルを評価するためのほんの小さなステップだ。

［Dが多かった人］

あなたは優柔不断です

あなたは決断力に欠けるようだ。決断を下す前に人の意見を聞く。心のなかを打ち明けることもしない。否定的な発言が心にずしりと響くのだろう。

あなたはふたつの恐れ——人を不快にさせる恐れと、間違った決断をする恐れ——の間で揺れている。子どもの頃、自主性をもつことが許されなかったのだろう。話を聞いてもらえず、必要なときに助けてもらえず、感情にも注意を払ってもらえなかった。そこであなたは、自分なりにできる対処をした。

そして大人になっても、自分自身を位置づけるための基準がなかった。結局のところ、あなたは自分に確信がもてないのだ。今からでも遅くない。人から助けてもらい、励ましてもらおう。とはいえ、変化はあなたの内面から始まるのだ。

第5章

自信がないときはどうすればいい？

CHAPTER 5 WHAT CAN YOU DO WHEN YOUR LACK OF CONFIDENCE IS PARALYSING?

本書の第1部を読み終え、ここまでのテストをすべてやり、第4章で自信の欠如がどこから来たのかを考えてみて、自信に対するあなたの考えは変わってきただろうか。それに加え、自分自身に対する見方も変わり始めていることを、私たちは願っている。

だが、そうした変化のスピードが遅くなることがある。それは、自信がなくて動けなくなっているときだ。

新しく始めたことに関して自信をつけるには、新たなスキルを少しずつ習得するのがカギだ。とはいえ、もう少し助けが必要な人もいるだろう。そこで、この章を加えることにした。この章で紹介する方法で自信のなさを克服できるはずだ。

この本を買う前のあなたは、すぐに自信を失い、それが自分の性格のせいだと結論づけていたかもしれない。

仕事でプレゼンがうまくできないのは自分が恥ずかしがり屋のせいだし、トラブルに巻き込まれて人間関係が台無しになるのは自分がおしゃべりなせいだと思っているのではないだろうか。

だが実際は、性格による違いはほとんどない。パーティーのような社交的な場がどうにも苦痛だと感じる人は、外向的な性格ならたくさんの人がいても自信を失うことはないと思っているかもしれない。

しかし、そんなことはない。外向的でも、自信がある人とない人がいる。外向的ではあっても自信のない人は、それを隠すのに必死なのかもしれない。

外向的だがパーティーでお酒を飲みすぎるような人は、実は不安なのかもしれない。ジョークを飛ばしながら楽々とプレゼンをこなす同僚はどうだろうか。その人はリラックスできないのでジョークでカバーしているのかもしれない。

ここで私たちが強調したいのは、自信という観点で見ると、「悪い」性格というのはないということだ。これは専門家全員の一致する意見であり、それを裏づけるたくさんの研究もある。実際のところ、自信をつけるのに問題がある性格のタイプはない。インタビューを行った専門家は誰も、外向的か内向的ということと自信を関連づけていない。そのことについて、これからさらに詳しく見ていこう。

「内向的」であることを気にする必要はない

まずは「内向的」性格から見ていこう。内向的であるとは、自分に偏見を抱き、人目を気にすることだ。あなたは「内向的なのは悪いことだ。内向的なのは、もちろん自信がないからだ」と思っているかもしれない。

心理学的に言うと、内向的な性格が表れるのは生後18カ月頃の自我が芽生え始めたときだ。しかし、ハーバード大学の一流の児童心理学者、ジェローム・ケーガン博士が90年代なかばに行った画期的な調査によると、乳児の15～20％は、博士が「内向的気質」と呼ぶものをもって生まれているという。

そういった子どもたちは、乳児の頃は知らない人が来ると足をキックする。成長すると、知らない人が来るとどこかに隠れてしまう。

こうした行動をとる子は「内気だ」というレッテルを貼られる。彼らが内気なまま成長するかどうかはわからないが、たとえ内気だったとしても、それは自信がないからではない。彼ら（あなたかもしれない）は知らない人と関わるのが好きではないだけかもしれないのである。大勢の人と交わるよりも、ひとりかふたりと一緒にいるほうが快適なのだ。

ケーガン博士の調査のもうひとつのポイントは、内向的な性格は変えられるというところだ。もしあなたが二十代で、就職したばかりの職場で堂々と振る舞えないと感じているとしても問題ない。数年もすれば、本領を発揮できることだろう。

ケーガン博士は2008年にアメリカ心理学会で行われたインタビュー【1】で、神経科学と心理科学では人間の行動を十分に説明することも理解することもできないと述べている。

誰かのことを理解するには、その人の歴史や状況をもっと知る必要がある。ある脳の状態は、それぞれの人の心理状態に影響されることがあるのだ。

博士によると、私たちは皆、歴史と文化による影響を受けている。もしあなたが紛争地域で生まれていたら、たとえ遺伝的には自信がある人であっても、日々の爆撃によって影響を受けることは避けられない。

不況のなか、仕事を探し続けてもうまくいかなければ、あなたの自信レベルは必然的に影響を受けてしまう。ところがあなたはこう思うかもしれない。不況は終わりつつあるのに、自分はまだ前向きな気持ちになれないのがいけないのだ、と。

弱点は忘れよう

自分のことで前向きになれないとき、危険なのは、それが自分の弱点のせいだと思うことだ。面接への恐れ、プレゼンへの恐れ、パーティーに行って誰も知っている人がいない恐れなどは、時間の経過とともにどんどん強まっていくことがある。だが、そういうとき絶望的な気分に陥り、自信のせいにする代わりに、別の方法がある。

まずはじめに、あなたが弱点と呼ぶものを、客観的に見てみよう。なぜその弱点が重要なのだろうか？　その弱点を自分が強みだと考えているものに変える必要があるのだろうか？　もしその弱点が、あなたが絶対にやりたくないことで、そのせいで惨めな気分になるとしたら、代わりになるものを考えられないだろうか？

たとえば、人前で話すのが怖いのなら（もっとも一般的な恐れだ）、本当に人前でプレゼンをする必要があるのかどうか、考えてみよう。それが仕事の一部だとしたら、答えはイエスだ。そのスキルを伸ばすべきしっかりとした理由がある。

だが仮に、あなたが親友の結婚式でスピーチをすることになり、それを恐れているとしよう。親友の結婚式でスピーチをするのは、とても素敵なことだ。だが、スピーチの代わりに、ほかにできることはないだろうか。

そのように考えてみるのは、責任を保留にするためではない。自分にやさしくし、過度のプレッシャーを与えないためだ。

たとえば「私はパーティーでは役立たずだ」「私はパーティーが苦手だ」と考えるだけではなく、そのあとに「それより好きなのは……」と考えてみよう。「それより好きなのは、ひとりかふたりの人と一緒にいることだ」「それより好きなのは、長い散歩だ」と続けるのだ。

事前準備を十分にしよう

私たちが賞賛する俳優や演奏家といった人たちは入念に下準備をする。たとえばマドンナは地球上でもっとも自信のある女性のひとりだと誰もが思っているだろうが、彼女はとても努力家で、繰り返し何度もリハーサルを行うことでも知られている。

ダンサーであれ、オペラ歌手であれ、ポップ歌手であれ、俳優であれ、すべてのパフォーマーは事前に準備をする。どんな俳優も必ず、何週間も厳しいリハーサルを行い、各公演の前には声と身体のウォーミングアップをしてから舞台に立つ。そうやって彼らは恐れやストレスを克服することを学ぶのだ。

元イギリス首相のウィンストン・チャーチルは、寝室をうろうろと歩き回りながら、後に名スピーチと称えられた数々のスピーチを声に出して練習していたという。

私たちはしょっちゅう恐れで身動きがとれなくなる。その恐れは自信の欠如から来ているのだろうか。それとも、単なる準備不足から来ているのだろうか。

「準備をすれば、コントロールできるようになる」

パッツィ・ローデンバーグ（ボイス&リーダーシップコーチ）

身体をリラックスさせよう

あなたが簡単にできることを考えてみてほしい。DIYが得意だとか、レシピを見ずに余り物で食事を作れるとか、そうした行為に自信があるのは、何度もやっていて、考える必要もないからだろう。

だが、新しいことは自信たっぷりにできないのも事実だ。やったことがなくて、努力が必要で、複雑だからだ。もし新しい仕事がそうだったとして、おまけに、他の人があなたの様子を見ているとしたら、もっとストレスがたまるだろう。

「過酷な状況では、物事はさらに複雑になる。そうした状況で、ある程度の恐れや疑いをもってしまうのは当然のことだ」

ニキ・フラックス（演技コーチ、心理学者、セラピスト）

フラックスは俳優に、神経科学に基づく、緊張や不安を解消する方法を教えている。これは身体から脳にメッセージを送る一種の合図といえる。誰かをハグしようとするかのように両手を広げると、自分は攻撃されているのではないという合図を脳に送ることになるのである。

これはひとりでできるし、深呼吸と合わせると、ストレスがたまりそうな状況において気持ちを落ち着けるのに役立つ。自信とは心が落ち着いた状態だということを思い出してほしい。

心と身体をリラックスさせられるならどんなことでも、恐れを克服するのに役立つ。ヨガや太極拳などのレッスンに通うのも非常に効果がある。

恐れに対処する効果的な方法

人前で話すことの恐れを克服する方法を教える際、フラックスはまず、「あなたたちは正常で、実は、恐れがないほうがおかしいのだ」と断言する。

あなたがもし人前で話すのが怖いとしたら、イコール、人前で話すのが下手なのだと思い込んでいるのかもしれない。だが、まったくそんなことはない。フラックスは言う。

「あなたが怖いと感じるのは、プレゼンを行っている間、あなたに関心を向ける価値があるのかどうか、相手がジャッジしているとわかっているからです。自分がジャッジされる状況では、恐ろしくなるのも当然です」

怖くならないほうがおかしいのだ。怖くなったとしても、それは、プレゼンを成功させるあなたの能力とはなんの関係もない。

「あなたが怖いと感じるのは、危険を察知できるほど賢いからだ。恐れを感じることで、アドレナリンが出る。アドレナリンはエネルギーで、そのエネルギーは贈り物だ」

ニキ・フラックス（演技コーチ、心理学者、セラピスト）

フラックスによる恐れへの対処法は次のようなものだ。

①自分の恐れがどれほど重要かを確認する。

自分にこうたずねよう。

「自分の人生は恐れに左右されているだろうか？」

もし左右されているとしても、生死に関わる問題ではないし、人生が終わるわけでもない。

そう考えれば、プレッシャーも少し減るだろう。

②少しずつ取り組む。

恐れの克服に取り組む時間は、2、3分から最大45分まで徐々に増やしていこう。

③楽しいことを計画する。

- 恐れに取り組んだ直後にできる、すばらしいことを計画しよう。
- 恐れを自分が楽しめるもの、たとえば、不安のレベルを下げるのに役立つマッサージやチョコレートケーキなどと関連づけよう。

④手助けをしてくれる人を探す。

- 批判的な人は選ばない。
- あなたの成功を喜んでくれる人にしよう。

⑤自分に「最悪のことが起こるとしたら、それは何？」とたずねる。

- 料理を作る恐れに取り組む場合、起こり得る最悪のことはなんだろう？　全部黒焦げにしてしまうことだろうか。
- 最悪のことが起こったとき、自分に何ができるかを考えてみよう。もし料理を全部黒焦げにしてしまったら、ネットで料理の配達サービスを探してもいい。
- 友だちが離れていくのが怖いのなら、自分から縁を切ることを考えてみてもいいのだ！

⑥それは恐れだろうか？　あるいは、完璧主義だろうか？

非現実的な期待をしていないか？「あなたには無理」だという批判的な声を聞いていないだろうか？

⑦小さなステップを見つける。

- 料理をするのが怖いなら、まずはゆで卵を作ってみよう。
- 自分が克服したいものを特定し、克服するための小さなステップを決めよう。
- 「できない」ことにこだわるのはやめて、小さなことから始めればいい。

⑧恐れを感じているときは、自分の身体に知らせる。

- 両手を広げて、怖いと大声で言ってみよう。それから深呼吸をしよう。
- 笑顔になろう。笑顔になると顔の筋肉がリラックスして、頭のなかで感じている恐怖を静める助けになる。

⑨何かを試しにやってみたあとは、どんな気分だったかを確認する。

- 気分がよかったり、楽に感じたりしたか？　あるいは気分が悪かったか？
- 「やった！　できた！」「大丈夫だった」と感じられたか？
- 何か失敗したとしても、誰も気づいてもいないとわかったか？

専門家の助けを借りよう

壊れたボイラーを直すのに配管工が必要だったり、法的なアドバイスを得るのに弁護士を探したりするように、資格やスキルをもった専門家に恐れを克服する指導をしてもらう必要があるかもしれない。

恐れに立ち向かう自信をつけることに関しては、専門家の助けを借りるべき理由がいくつかある。専門家にはあなたの家族や友人がもっていない専門知識がある。それに、家族や友人は恐れのあるあなたを心地よく感じているかもしれないし、正直な意見を伝えてあなたの気を悪くするのを恐れているかもしれない。

別の理由として、資格のある人は、建設的な方法で助けてくれるという点も挙げられる。多くのカウンセラーやセラピスト、コーチといった人たちは、自分自身も恐れを克服していることが多いので、あなたに共感してくれることが多い。

アニー・アッシュダウンがコーチになったのは、自分が精神的にめちゃくちゃな状態になったときに専門家を雇ったことがきっかけだった。彼女は精神的にぼろぼろだったが、転職して、人を助ける仕事がしたいと思った。アニー・アッシュダウンがクライアントの自信の欠如に共感しているという事実は、クライアントが抵抗なく自信のなさを克服する助けになっている。クライアントは彼女が寄り添ってくれていることに気づく。彼女は顧客がどんな状態を経験しているかがわかっているからだ。

専門家にはさまざまなタイプがいる。だから、どんな専門知識が必要なのか、時間をかけて考えよう。もし特定のスキルが必要なら、それに最適な人を見つけよう。

もしあなたに必要なのが、意志力を植えつけ、変化を誘導してくれる人なら、ライフコーチがぴったりかもしれない。あるいは、あなたを踏みとどまらせる否定的な思考パターンを壊すなら、いいセラピストが役に立つだろう。

熟練した専門のセラピストは、あなたがどんな状況でも自分でコントロールできることをふたたび信じさせてくれるだろう。なぜならそれは、歩行できるようになった幼児の頃から、私たちに自然と備わった能力だからだ。

前に進み続けよう

少しずつでも前進できれば、失敗せずに完璧にやらなければいけないという考えが手放せ、恐れで動けないということはなくなるだろう。

この章で自信の欠如に関するさまざまな見方を知り、あなたが違った視点で考えられるようになることを私たちは願っている。

自信と性格は関係ないことを知り、自分を受け入れよう。自分の気持ちと状況を関連づけることを、忘れないでほしい。これは言い訳を作るためではなく、自分を思いやるためなのだ。仕事を失うことを恐れていたり、実際に失っていたり、あなたの自信を奪う気難しい上司がいたりしても、それはあなたのせいではない。自分で身動きをとれなくしているのではなく、外部の要因があなたを傷つけているのだ。

もし根深い問題を抱えている場合は、実際に身体がけがをしているように自分を扱い、専門家のアドバイスを求めよう。カギとなるのは、歩み続け、挑戦し続けることだ。諦めたり、避けたりしてはいけない。

次の質問を自分にしてみよう。

①怖くてできないことはあるだろうか？

②絶対克服するべき恐れは何だろう？　完全に避けることができる恐れは何だろう？

③今までいつも避けてきた状況は何だろう？
④自分の能力ではできないと思っていることは何だろう？　恐れているのは、準備不足のせいだろうか？　それとも、必要な知識やスキルが欠けているからか？
⑤障害を取り除いて恐れに取り組むために実践できることがあるだろうか？

TAKE THE TEST

テスト
あなたは自分の能力を信じているか?

驚くべきことだが、自信と成功は関係ない。成功している人でも、自信がある人とない人がいる。これまで見てきたように、スキルの習得に集中し、強みを伸ばすことに取り組めば、自然と自信がついてくる。このテストでは、あなたが仕事に対してどれくらい自信をもっているかがわかる。自分の能力を信頼しているだろうか? さあ、確認してみよう。

質問1
会社の記念パーティーで、短いスピーチを頼まれたら

D　人選ミスだ! 他の人にしたほうがいい……。
B　光栄なことだと感動する。

A　驚かない。そういうことが大好きだし、会社の人たちも知っている。
C　そんなことより、仕事、仕事、もっと仕事だ！　みんな本当にわかってない……。

質問2
会議室に足を踏み入れた瞬間から、同僚のひとりがずっと笑っていたら

A　どうしてそんなに機嫌がいいのかたずねる。
D　面食らう。自分のことをバカだと思っているに違いない。
B　自分も笑う。
C　他のところに視線を合わせ、見て見ぬ振りをする。

質問3
会社を出たところで、職場でのストレスについていくつか質問したいと地元のラジオ記者に足止めされたら

B　正直に答える。
C　職場の近くでそんな話はしたくない。
D　質問に答えるのは嫌だ。
A　記者がよい人で、質問も興味深いものなら、ちょっとだけ答える。

質問4
インタビューが終わったあと、あなたが思いそうなことは

D　「あれじゃなくてこれを言えばよかった！」頭のなかでインタビューをすべて思い返す。
B　うまくいった！　もうすることはないから、様子を見よう。
A　また、お金にならないことをやってしまった。それほど難しくはなかったけど。
C　いい点と悪い点を答えたけど、うまくいったかな？　はっきりと答えられていたかな？

質問5
同じ職場に5年もいるのに、いまだに上司に名前を間違えられたら

A　我慢できない！　毎回上司の間違いを指摘する。
D　どうでもいい。誰も自分のことなんて気にしていない。
B　仕返しとして、すぐさま上司の名前を言い間違える。
C　上司を見下す。どうやら頭が悪いようだ。

質問6
重要な仕事の電話をしなければいけないときは

B　メモをとって頭をすっきりさせ、言い忘れがないようにする。
C　電話をかける前の数分間、集中する。

D　ダイヤルしてから電話を切るというのを何度か繰り返す。

A　電話をかける時間を決め、時間が来たらためらわず電話する。

質問7

廊下で上司とすれ違ったとき、オフィスに5分ほど来てほしいと言われたら

D　「どうしてですか？　何かあったんですか？」なんだか嫌な予感がする。

B　もし重要なことだったら、事前に連絡するはずだ。だから落ち着いてオフィスに入る。

C　なぜ5分なのだろう。会議だったら5分というのはおかしい、とあれこれと考える。

A　何も考えず、上司のあとについていく。

質問8

上司が軽率な行為をしたために、職場を去ることになったとわかったら

B　上司の仕事が引き継げるよう、巧妙に動き回る。

C　関係者に上司の突然の異動を確認する。

A　上司（もしくは人事部）に、上司の仕事に志願することを伝える。

D　様子を見る。公式ではない情報に振り回されるのは意味がない。

質問9
正直なところ、仕事を選ぶうえで一番重要なのは

B　給料
D　職場の環境
C　仕事内容
A　出世の可能性

質問10
あなたは人気があるポジションの候補者ふたりの内のひとりになった。ライバルの前でマネージャーから、あなたを選ぶべき理由を聞かれたら

C　ライバルを蹴落とすのは自分の役割ではないので、ライバルの悪口は言わない。
B　自分のすばらしい資質をぎこちなく強調する。
A　堂々と行こう！　説得力のある理由を言う。
D　口ごもる。すでに勝算がないと思う。

質問11
会議で発言しなければならなくなったら

B　常にメモを参照し、それを読み上げることもある。

A　たいてい書類を見ずに話す。
D　いつも不安になるし、端から見てもそうとわかる。
C　皆からはリラックスしているように思われるが、実際は違う。

質問12
病気の上司から、代わりに重要な会議に出席してほしいと頼まれた。取引が成功するかどうかはあなた次第だとしたら

D　絶対に嫌だ！　危険すぎる。いい考えではないと上司を説得する。
B　上司は本当にそんな大役が自分に務まると思っているのだろうか？　本人に直接、何度も確認してから、引き受ける。
A　一瞬も無駄にできない。会議の準備をし、あらゆることを調べる。できる限りのことをやるべきだ。
C　断れないので、ちゃんと引き受ける。でも、ストレスが……。

［Aが多かった人］

割と自信がある人

誰でもそうだが、あなたも勢いを失ったり、自分の能力を疑ったりすることがたまにある。だが、それほど長くは続かない。目標達成に必要な資源を見つけ、能力があることを証明しようとするプライドがあなたにはある。

実際、他の人より少しすぐれている部分があることを確かめる必要があると感じているようだ。もしかすると、ある時期あなたは、十分に認められていない、評価されていないと感じ、今は相手が間違っていたことを証明しようとしているのかもしれない。その人たちはあなたの成功に触発されるかもしれない。ただし、あなたが彼らの資質を認め、ときには自分の弱みも認めればだが……。

［Bが多かった人］

自分を信じる必要がある人

自分の道を切り開きたいのであれば、自分を信じる以外に選択肢はない。それはあなたにもわかっているだろう。他の人は、あなたに代わって戦ってくれるわけではないし、あなたをほめそやしてくれるわけでもない。与えられた仕事がやり通せることを示すいい機会を自分に与えるかどうかは、あなた次第だ。

自分の役割に疑問をもたれないようにして、責任のある行動をするために努力しなければならない。厳しい状況のときは、仕事に必要なスキルはすべてもっていると自分に何度も言い聞かせる必要がある。たとえスキルがあるかどうか自分で疑うことがあったとしてもだ。

［Cが多かった人］

見かけ倒しの人

あなたは疑いや弱みを隠す方法を知っていて、自信があるように見える。だが、実際はうわべだけで、心のなかには不安が潜んでいる。仕事を続けろと自分に言い聞かせながら仕事をする必要があるのかもしれないし、本当に不安になる瞬間もあるだろう。

だが、能力がないと不安になっても、どうにかして絶対にそれを見せないようにする。プライドの問題かもしれないし、他の人を信頼していないのかもしれない。まるで、自分の弱点で脅されることを恐れているかのようだ。自分や他人をあまり疑わないようにしよう。

［Dが多かった人］

常に自分を疑っている人

あなたは自信の欠如を乗り越えようと大変な努力をしているのに、絶えず自分を疑っている。常に自分に疑問を投げかけるのは、生きていくうえでかなりの苦痛になる。なぜなら、いつもジャッジされていると感じるからだ。

あなたは何を恐れているのだろうか。認められないことや、愛されないことだろうか。諦めずに、この弱点を強みに変えるよう取り組んでいこう。人に対する優越感がなければ、忍耐力や共感力が養われ、人の話をうまく聞けるようになる。そうした能力は、仕事をするうえで非常に役に立つ。その能力をいかにして最大限に活用できるかを考えよう。

第6章 あなたの自信を奪うものは何だろう？

CHAPTER 6 CONFIDENCE ROBBERS

本書の目的のひとつは、自信をつけるのは難しくないとあなたが理解する手助けをすることだ。行動を根本から変えなくても、自信をもつことにネガティブな影響を与えているものに気づくだけで、自信は高められる。

自信を奪う要因に気づけば、自信をつけるのに役立つスキルを順調に育てることができる。子どもたちが安全に道路を渡る方法を学ぶのと同じように、私たち大人にも過酷な旅をするにはガイダンスが必要だ。

まずは、これから挙げる要因のうち、どれが、どれくらい、あなたに当てはまるのか考えてみよう。自信泥棒の要因のなかには、気づくだけで対処できるものもあれば（たとえば、ネガティブな人から離れるなど）、生活スタイルに関連するものもある（疲れなど）。後者の場合、どう対処するのかを検討する必要がある。

自信泥棒その1　自信をつけることを目標にすること

「何かをもっと自信たっぷりにやろうとするのではなく、行動自体に集中し、もっと完全に、あるいは違った方法でやることにコミットしよう」

ニキ・フラックス（演技コーチ、心理学者、セラピスト）

本書のタイトルが『自信がつく本』というからには、自信をつけることを目標にすることが自信を奪う要因になるとは夢にも思わなかっただろう。

だが、あなたが目指すべきは自信そのものとはまったく違う何かなのである。それは新しい恋人を見つけることかもしれないし、新しい仕事や友だちを見つけることかもしれない。

もしかすると、あなたはまだ「新しい恋人（仕事、友だち）を見つける自信なんてない」と思っているものの、それを覆して「新しい恋人（仕事、友だち）を見つけられる自信をもちたい」と考えられることを望んでいるのかもしれない。

そうだとすれば、今あなたがしていることはすべて、自信がないというあなたの信念を強める結果になってしまっている。

心理学者でセラピストのニキ・フラックスは、もし自信そのものを目標にするなら、その目標に刻まれているのは「自分には自信がない」というネガティブな言葉だと強調する。

カギとなるのは、できることを見つける行動だ。新しい恋人が欲しいのなら、自分に合いそうな人がいたら紹介してほしいと友人に頼むのもいいかもしれない。新しい仕事を探すなら、1週間の求職申し込みの目標件数を決めるのもいいし、新しいスキルを学ぶのもいいだろう。友人を探すなら、何かのグループに参加するといい。いずれにしても、何か行動を起こしてみよう。

自信泥棒その2　絶えず否定的なことを考える

一歩離れて、頭のなかの「ああでもない、こうでもない」に耳を傾ける必要がある。絶え間なくネガティブな思考が流れているとしたら、頭の周りにフェンスを張り巡らせているようなものだ。

残念ながら、私たちの信念と思考は、最大の自信泥棒になり得る。まるで、ゆるんだペダルがついた自転車で坂道を上るようなものだ。ぐっと前に進む感覚はまったくつかめず、いつも後ろにずり下がっていく感覚しかもてない。

「私は役立たずだ、私は価値のない人間だ、私には希望がない――こんなふうに否定的なことを考える習慣は、自分をさらにひどい気分にする」

イローナ・ボニウェル博士（ポジティブ心理学者）

自信泥棒その3　ネガティブな人

私たちの周囲には必ず、エネルギーを奪うような人や不快な気分にさせる人がいる。そうした人を避けるのに罪悪感をもつ必要はない。そうするべき十分な科学的根拠があるのだ。

神経科学において、私たちの脳にはミラーニューロンと呼ばれるものがあると知られている。ニターシャー・ブルディオ博士は「他の人の感情を感じてしまうのは、このミラーニューロンのせいだ」と説明する。

私たちが知っておくべきなのは、ミラーニューロンが日々どれほど私たちに影響を与えているかということだ。主に一緒にいるのがネガティブな人だと、あなたもネガティブになる。

特定の人（あるいはグループ）と一緒にいるときに、心理的にどういう影響を受けるかを突き止めることは、誰があなたにとってよくない人かを知るカギになる。心拍数は上がっていないか、頭痛がしないか、ぎくしゃくして不快に感じていないか、その人と一緒にいるときの自分の感覚に意識を向けよう。

もしあなた自身が悲しみでいっぱいで、精神的に落ち込んでいて、心の奥で自分がネガティブな人だとわかっているなら、あなたと同じようにその状況から脱しようとしている人を探し、一緒にいるようにしよう。

もしかすると、その人たちはセラピーに通っているかもしれないし、このような本を読んでいるかもしれない。そうした人たちと一緒にいると、あなたのネガティブさを克服するのに役立つだろう。

自信泥棒その4　自信をもてと指示する人

「自信をもて」と指示されると嫌な気分になるのは当然のことだ。しかし問題なのは、それがあなたの助けになっている、もしくは励ましになっていると思われる場合だ。それは間違っている。残念ながら、私たちの周りにはこういうことを言う人がよくいる。そういう人に出会ったら、友人から「こうなれ」と言われることがどんな役に立つのか、よく考えたほうがいいだろう。

ニキ・フラックスはこのように言う。

「自信をもて、自信があると思え。誰かにそう言うのは、愚かなことのひとつだ。こんなことを言われても、役に立たないどころか、気分が悪くなるだけだ。意思の力だけでもっと自信をつけるのは無理なのだから。それに、言われた人は自分の何かがおかしいのだと思ってしまう。どういう気分でいるべきかを指示されたところで、そこからは何も学べない」

自信泥棒その5　否定的なアファメーション

これを見て驚いているかもしれないが、肯定的なアファメーション（「こうなりたい」姿を言葉にして繰り返すこと）は自信泥棒だ。ネガティブな思考や人を避けろというこれまでの記述と矛盾すると思うかもしれない。実際、肯定的なアファメーションにはすばらしい面もある。ただ、自信を発達させるときには向いていないのだ。

もしかするとすでに、「自信がある」と繰り返しているのになぜ効果がないのかと、自分を責めているかもしれない。だが、何度も「自信がある」と繰り返したところで、まったく効果はない。実は、視覚化も、夢を集めたリストも、理想の自分になった振りをすることも、自信をつける役には立たないのだ。

心理学者たちはこうした方法を批判しているが、それには正当な理由がある。科学的な根拠がひとつもないのだ。もっとも尊敬を集める心理学者のひとり、ロイ・バウマイスターが行った大規模な調査【1】によると、自尊心を高めようとすると、見せかけの結果しかもたらさず、よい結果や高い効果は得られないという。本物の自信は身につかないということだ。

ありのままの自分を受け入れよう。それが、本当の自分を認めるもっともポジティブな方法だ。

「あらゆる研究が示しているのは、自尊心の高い人が肯定的なアファメーションを行うとさらに自尊心が発達するということだ。だが、自尊心の低い人が行うと、逆効果になる。低かった自尊心がさらに低くなるのだ」

イローナ・ボニウェル博士（ポジティブ心理学者）

自信泥棒その6　こわばった作り笑顔

気難しい人への対処法として、特に職場において、いつも笑顔を浮かべているのが習慣になっているかもしれない。その問題点は、こわばった作り笑顔が基本的な状態になることだ。不快だと感じる状況であっても、お店でクレームを言うときでも、面接に行ったときでも、常に作り笑顔でいることに慣れすぎていて、自分でもそれが本物ではないと気づかなくなる。

だが、本物の自信があれば、嫌なことは嫌だと表現できるはずだ。作り笑顔は、相手があなたをいじめている場合、特に悪い影響がある。あなたをいじめている人に笑顔を向けたり、やさしくしたりすると、相手にほうびを与えていることになるのだ。

自信泥棒その7　自信がある振りをする

「自信があると感じられるまで、自信がある振りをしろ」と何度も言われたことがあるかもしれない。だが皮肉なことに、自信がある振りができるのは自信過剰な人たちだ。なぜかというと、彼らは実際の能力には興味がなく、自信がある振りをしていても気にならないからだ。

だが、慢性的な自信の欠如に悩んでいる人の場合、自信がある振りをすると恐ろしい結果を招きかねない。自信がある振りをするのは、身体に大きなストレスがかかるため、やらないほうが身のためだ。

「自分ができるとは到底思えないことをやり続けるストレスは健康によくない。それは、本物の自信でもない」

ニターシャー・ブルディオ博士（生理学者）

自信泥棒その8　過去のことを考えすぎる

過去のことを考えすぎると、現在を変化させられなくなる。仮に、批判的な母親が原因で自信が欠如したと常に思ってきたとしよう。自分を過去に閉じ込め、日々それを振り返るのは、まるで自分はだめなやつだという意識を強化しているようなものだ。

もし失業を乗り越えて、次の仕事を見つけるために自信をつけたいのであれば、今は子どもの頃に拒絶されたときの気持ちを口にするタイミングではないだろう。今より強くなれば、別の視点から、いつでも過去の傷を癒やすことはできる。

おそらく、あなたの頭のなかには、過去から吸収したメッセージがたくさんあるのだろう。だが、自信をつけるには、それらをシャットダウンする必要がある。

そして、何か行動を起こすことだ。身体を使うことをするとよい。ヨガのクラスに通うとか、ランニングやダンスなど心地よく感じられる運動をするのがベストだ。10分間散歩に行くだけでも、ネガティブな思考から抜け出し、身体に意識を向けられるようになる。

あるいは、DIYでもいいし、パンを焼くとか、ガーデニングの種まきでもいい。今この瞬間のことに没頭すると、否定的な思考は消え去るだろう。

自信泥棒その9　比較と絶望

比較と絶望と聞いて、おそらく嫌な気分になっただろう。だが、きちんと理解しておく必要がある。

ソーシャルメディアが私たちの生活に占める割合はとても大きく、つい人のタイムラインや投稿された写真を見たくなる。そして、自分の人生と比較してがっくりする。

これは非常に危険だ。なぜなら、頭のなかにネガティブな思考（なぜもっといい仕事を見つけられないのか、なぜ独り身なのか、なぜもっといい人生を送れないのか）を発生させるからだ。

もし無力さや不安を感じているとしたら、人と比較するとさらに悪くなる。ネガティブな思考は、他の人は何かしらあなたよりすぐれているという信念を作り始めてしまう。そして「自分は成功や幸せには値しない」と思ってしまうのだ。これは危険だ。ソーシャルメディアを見る時間を制限しよう。

自信泥棒その10　楽な生活

つらい人生のせいで自信がなくなったと思っているあなたは、楽な生活が自信泥棒だと知って、少し気分がよくなったかもしれない。

すばらしい子ども時代を過ごし、いい教育を受け、何不自由なく育つのは、実は自信がなくなるという逆の効果をもたらす。甘やかされれば甘やかされるほど、どんどん自信は失われ、人生の問題に対処できなくなる。

これが親元を離れない若者がますます増え続けている理由だ。彼らは期待だけは異様に高いが、家を出て行くだけの十分な自信がない。そのため、家でゴロゴロして、何もしないのだ。

自信泥棒その11　疲労

何もできなくなるまで疲れ切った状態になるのは避けよう。身体が疲弊すると、心も消耗する。脳が疲れると、回路が正常に機能しなくなる。そうなると、新たな状況をコントロールして自信をつけるためにスキルを身につけることができなくなってしまう。

もしあなたがワーカホリックで、疲れているかどうかさえ気づかないのであれば、脳の欲求に注意を払おう。身体全体を正しく機能させるために、糖分やエネルギーが欲しいと脳が訴えかけていないだろうか。

疲れに気づいたら睡眠をとり、休息して、楽しめることをしよう。

自信泥棒その12　ストレス解消のために飲むお酒

たまに飲むお酒にリラックス効果があることは、誰も否定しない。だが、過酷な一日の終わりにお酒を飲んでストレス解消する必要があるとしたら、副作用があることを心に留めておいたほうがいい。

自律神経系（心臓などの身体の機能をつかさどっている）は、あまりにも疲れると働きが活発になりすぎる。自律神経の活動が活発になると、身体は酸性に傾く。神経はショートし、心拍数が上がり、極度の緊張状態になる。どれも身体にはよくないが、こうした状態にお酒が役に立たないのは言うまでもない。お酒に含まれる添加物も、脳に影響を与える。

お酒は脳の前頭葉を麻痺させ、シャットダウンする。前頭葉はストレスを感じ、自分のことを反省する部分なので、前頭葉が麻痺することは自己認識が麻痺することにつながる。

ストレス解消にお酒が必要だと思っている人にとってとても大切なことのひとつは、緑黄色野菜たっぷりの食事を摂ることだ。アルカリ性の野菜は、アルコールの量を制限するのに役立つ。酸性食品を避け、アルカリ性食品を摂取することが必要なのだ。

自信泥棒その13　現代の都会生活

現代の都会生活は多くの点で刺激的だと思えるかもしれない。だが、自信という観点では、驚くべき影響がある。

来る日も来る日もいつもと同じ通勤電車に乗って、長時間仕事をし、背中を丸めてパソコンの画面を眺めていると、身体も心も無味乾燥な環境に馴染んでしまう。

もし都会に出てきたばかりで、まだ慣れていないとしたら、あなたの社会生活はおおかたネット上に限られるだろう。長時間働き通しで、友だちに会う時間もないかもしれない。

「都会にいると、力を失っていく。見えているのは舗装された道路や床だけだ。十分な警戒もせず、現在に意識が向いていない。内にこもり、空想にふけっている」

パッツィ・ローデンバーグ（ボイス&リーダーシップコーチ）

空想にふけっていてもしばらくは問題ないだろう。だが長くは続けられない。もし携帯電話をじっと見つめて、あなたの周りで誰が何をしているのかに気づかなければ、周囲の人や物とつながる能力が失われるだけでなく、自分とつながる能力も失う。ひどい悪循環だ。コミュニティは、まずつながりを作ることで始まるからだ。

都会でコミュニティがなくなれば、それは、基本的に人とのつながりがなくなるということを意味する。こうしたコミュニティの欠如により、私たちは、「守られている」「安全だ」「安心だ」と感じられなくなり、深いレベルでの自信を奪われる。

本物の自信を発達させるには、本当のあなたを知る必要がある。そのためには、本当のあなたにつながる必要がある。本当のあなたは、舗道にも、携帯電話のなかにもいないのだ。歩くときは携帯電話を使わずに、街を歩いていることに全意識を向けよう。

自信泥棒その14　気難しい人

もっとも大きなパンチをくらわしてくるのは、気難しい人だ。残念ながら、そういう人たちはどこにでもいる。職場にも、家族にも。

自信がない人は、他人の行動をどこまで許容するか、その境界線を引けていないことが多い。境界線がないというのは、気難しい人や支配的な人からすると、あなたを好きなように傷つけてもいいということになる。

境界を作るひとつの方法は、「同意して、かわす」ことだ。たとえば、あなたは新しいビジネスを立ち上げるという夢を叶えるために自信をつけたいとしよう。すると親は、安定した職を離れて起業した人はたいてい後悔しているとラジオで聞いたとあなたに伝える。

このとき、怒ったり、反論したり、動揺したりするのではなく、深呼吸して（必要なら10数える）、こう言おう。

「教えてくれて、ありがとう。ところで、お茶でもどう？」（これは特に家族に有効だ）。

自信泥棒その15　とどまり続ける

新しい行動を起こさず、慣れた人間関係や家族、仕事、友人にとどまり続けると、考え方も変わらない。

考えてみてほしい。いつもと同じ通勤電車に乗って仕事に行くのがいかに退屈で、休日に空港に向かうのはいかに楽しいか。

習慣化した行動を変えるのは、自分が何者で、何を望んでいるのかを思い出すのに役立つ。休日にリラックスしている自分を想像してみよう。生活にどう変化をつけようかと考えているあなたはどんな感じだろうか。それは、もっと健康的な食事をするといった小さなものかもしれないし、引っ越しといった大きなものかもしれない。

同じところにとどまることの問題は、それが、長くて暗いトンネルにいるのと同じという点だ。出口が見えないのだ。

そういう場合、最初にするべきは、誰も、どんな状況も否定しないまま、自分がずっと同じところにいると気づくことだ。そういうふうに考えるのはとても難しい。もっと否定的になるかもしれない。だが、すぐに大きく何かを変える必要はない。自分にやさしくしよう。

ランチにいつもと違うものを選ぶとか、別のルートで帰宅するなど、小さな変化を起こすだけでも、少しずつ変化に前向きになっていける。ちょっとした選択の変化が、徐々に小さな変化につながっていくのがわかるだろう。今月は毎日、習慣になっていることをひとつ変えてみよう。

この章であなたに思考の糧、つまり何かしらの判断材料を与えることができただろうか。あなたは少し笑顔になっているかもしれない。

なぜなら、あなたの人生に現れる15の自信泥棒がわかったのだから。私たちは、それらがどうして自信を奪うのかということと同時に、対処の仕方もお伝えした。

そのうちのいくつかは簡単にできるはずだ。これであなたは、自信のある振りをしたり、作り笑顔を浮かべたりするのを完全にやめられるし、それで安心できるだろう。

家ではできるだけ自分を甘やかそう。そうすれば、疲れをためなくてすむ。ストレスがたまった日にワインを飲む習慣をやめるのは難しいかもしれない。だが、自分にプレッシャーをかける必要はまったくない。私たちはあなたにリストを作らせたり、目標を決めさせたり、時間の制限を設けたりはしない。本書は自信をつけるプロセスを楽にするためのものなのだから。

次の質問を自分にしてみよう。

①会う前や会ったあとに自信がなくなる人はいるだろうか？　それは誰だろう？

②一日の始まりはまずまずよかったのに、時間がたつにつれて自信がなくなったことはあるだろうか？　自信がなくなる引き金になったものは何だろう？

③自信がなくなっていると気づかされる人の言葉は何だろう？　どんなフレーズがあなたに影響を与えているだろう？

④十分な睡眠と休息、食事をとって、自分の幸せについて前向きに考えられているだろうか？

⑤あなたの周りに愚痴の多い人やネガティブな人はいないだろうか？

3 HOW CAN YOU LEARN TO BE CONFIDENT?

第3部　自信がつく方法を学ぶ

第7章 自信は学習可能だろうか？

CHAPTER 7 IS CONFIDENCE A SKILL YOU CAN LEARN?

「自信は学習可能なスキルだろうか？」という問いへの答えは「イエス」だ。実に明快だ。年齢は関係ない。自信は自らの手で、しかも人生のいかなる場面でも発達させていくことができる。

4年にわたり、60歳以上を対象に自尊心の変化と自信に関する調査を実施したコンコルディア大学の人材養成研究センターは、その成果を2014年に発表した【1】。学術誌『Psychoneuroendocrinology（精神内分泌学）』に掲載されたこの論文によれば、同じ高齢者でも自信を発達させ続けている人は、他に比べて健康的で、ストレスを感じる度合いが低いという。

自分で自信を深めていこうと努力すれば、その結果として健康的な生活まで送ることができるのだ。見返りは大きい。若ければ、もちろん時間は十分にある。だが、年齢的に自信を発達させていく余裕などないと焦りや不安を感じたとしても、そう思い込むこと自体が間違いなのだ。

とは言うものの、現実に起こる問題は一筋縄ではいかない。どうにかして小さな自信を大きく発達させても、それは長く維持できるだろうか?

大切なのは、自信とはわれわれが到達すべき最終目標、すなわちゴールではないということだ。達成した目標はひとつの通過点に過ぎない。なんといっても、人生は予測不可能で、どんな出来事に見舞われるかは誰にもわからない。

だが一方で、それを乗り越えていくのが人間の特性だとするなら、本当の自信とは、新しい何かを修得していくことでしか得られないのだ。赤ちゃんのときはどうにか歩こうとし、長ずるにつれ走ることを学び、そして自転車を乗りこなす……。大人になればマラソンをしたり、ヨガの逆立ちポーズをしたり、親友の結婚式でスピーチをしたりと、新たな挑戦を続けていくだろう。

少しずつ具体的なスキルを習得していく

「社会には、自信不足よりも自信過剰のほうが好ましいとする風潮があるが、それはまったく根拠のない話だ」

トマス・チャモロ＝プリミュージク博士（心理学者）

チャモロ＝プリミュージク博士のこの言葉は、自信に対するあなたの見方を変えるはずだ。自信はリスクを判定し、対処法を探すための能力のひとつと考えれば、自分自身に対するネガティブな見方から解放されるに違いない。今の状態から能動的な自分へと変わるのは、そう難しいことではないのだ。

たとえば、あなたは高速道路を走るのをためらっているとしよう。まったく経験がないので、高速の乗り降りなど想像もつかず、スピードを上げて走ることに恐怖を感じ、ましてトラックが迫ってくればパニックを起こしかねない。だがそういう考えこそ、起こり得るリスクを洗い出すことにほかならない。

もちろん高速道路を使わなければ、そうしたリスクはいっぺんに回避できる。もしくは、博士のアドバイスに従い、技能の向上に専念すればよい。

この場合であれば、すでに運転免許を所持しているのだから、経験豊富なドライバーの車に同乗させてもらい、高速を走るヒントをつかむのもひとつの方法だ。

仕事においても同様だ。職場で快く指導を引き受けてくれる年長のメンターを探すことができるだろう。

著名なボイストレーナー、パッツィ・ローデンバーグは次のように語る。

「私がこれまでに出会った偉大な指導者には例外なく、非常にすぐれた、度量の広いメンターの存在がありました。その教えを伝え聞くことができれば、誰もが自信に満ち溢れることでしょう」

イローナ・ボニウェル博士は次のように述べている。

「小さなステップの積み重ね。これが自信を身につける方法です。いっぺんに大きく変わろうとしても、所詮無理な話です。私は奇跡を信じません」

ボニウェル博士は心理学者だ。人にやる気を起こさせるには自己効力感が必要だと知っている。この自己効力感を得るには、物事をやり遂げなければならない。私たちはこの事実を肝に銘ずるべきだ。

何か新しいことをマスター(あるいは、これまで抱えてきた悩みを解消)しようとする場合、私たちを導いてくれるのは、数々の小さな成功体験である。

ソファでゴロゴロするのはやめて身体を鍛えたいなら、週単位で少しずつ健康の度合いを高めていけばよい。自信という抽象的な概念にとらわれてはいけない。必要なスキルを明確にし、レベルアップを図ることで、より高い能力が得られるのだ。

自信は実践することで発達する

「自信はどこかそのへんに存在する——そんな考えは捨ててしまおう」

パッツィ・ローデンバーグ(ボイス&リーダーシップコーチ)

俳優は自信について学ぶことはない。俳優としての力を養うためには、演技、ダンス、音楽の3つで構成された訓練を受け、それらを一連のスキルとして修得し、連携させることで、自らの強固な基盤を確立する。

実はこの過程で、彼らは同時に自信も深めていくのである。そして俳優としてのスキルを維持、あるいは高めることで、その自信も維持されていく。自信を形成するうえで重要なのは、実践的なスキルなのだ。

これは俳優でなくとも当てはまる。ビジネスにおけるプレゼンテーションやスピーチ、あるいはチームマネジメントといった状況を考えてみればよい。実践的なスキルを高めれば、それだけ自信も発達させられることがわかるだろう。

自信のもてない分野があるなら、そこで必要とされるスキルを明確にし、それを修得していけば、結果的に自信を発達させている自分に気づくはずだ。

ローデンバーグは次のように述べている。

豊かな知識をもっているのに、内気だと感じさせる人がいます。そういう人には、それだけ知識があるのだから、正々堂々と意見を述べるべきだと気づかせてあげましょう。

仕事とは実際的なものです。教えるべきことは、たとえば呼吸と発声のように、結局は身体上の基本動作に集約されます。大切なのは、常に落ち着きを保ち、さまざまな活動を支えていく身体です。ゆっくりとした呼吸ができれば力強い声が出せ、気持ちも高まっていきます。

これを人に教える場合は、胸を張って自信をもちなさいという言い方では不十分で、効果は得られません。必要なのは経験。なるべくたくさん経験を積むことです。

演技コーチのニキ・フラックスは、オーディションにおける緊張感をいかにやわらげるべきか、その方法を教えるために、自信がある振りをする場合と、自分本来の姿で臨む場合の両者を演じ分け、ワークショップに参加した俳優たちにその違いを分析させようとした。

最初のパターン。フラックスの表情と身体は緊張し、声は上ずっている。彼女本来の姿はそこにはなく、俳優と言うよりもセールスマンのようだ。

次のパターン。特に注目すべきは、先ほどまで彼女にあった謙遜とも脆さともつかないある種の雰囲気が消え、それがかえって彼女を際立たせ、人を惹きつけていることだ。声は落ち着いていていて、所作も柔らかい。

しかもこうした彼女の姿は、自信が必要とされるさまざまな機会、たとえば就職における面接試験、経営会議、冠婚葬祭でのスピーチ、デート、ネットワーク・イベントなどに参加するのにもふさわしいものだった。

こうしたフラックスの指導から俳優たちが痛感したのは、スキルが一定のレベルに達しなければ自信は生まれてこないという事実だった。

しかもそうしたスキルは、演技から離れた普段の生活のなかでも、たとえば勘定を支払うときであっても、一瞬たりともおろそかにされてはいけない。

これは俳優にとって、常に声や身体を鍛え、台詞を覚え続けろということを意味していた。オーディションでは、自信がある自分を演じるのではなく、あるがままの自分を素直に見せなければならないからだ。

それでは俳優以外の人たちは、自信がある自分を演じる代わりに、どんなスキルを伸ばそうと努めていけばいいのだろう？

本書のテーマは「本物の自信」である。それを知るためには自分自身を見つめ、本来の自分を知り、それを受け入れ、必要なものを育むことだ。

自信をもたらしてくれる魔法のような薬が現れるまで、頑なにスピーチを断り続けるというわけにはいかないし、ある日目が覚めたら身体に自信が満ち溢れ、つまらない仕事から抜け出せるだろうと夢を見ても始まらない。自信がもてない分野があるなら、それに関連したスキルの修得に努めれば、自信そのものを発達させることができるだろう。

モチベーションがあなたと自信をつなぐ

人は自信を失うと無気力状態に陥り、そこから生まれる不安感は、自信を発達させることへの諦めへと姿を変えていく。

世界的な講演者でありコーチでもあるドーン・ブレズリンによれば、その原因は「失われた環」、すなわち「モチベーションの欠落」にある。

彼女はこのモチベーションを、人と自信とをつなぐ接着剤だと表現する。

「それはまるで、教育は大切だと言うばかりで、物事の本質を見失っている政治家のようなものです。いくら重要だと力説したところで、子どもたちは勉強しようという気持ちにはなりません。彼らを勉強に駆り立てる原動力とは何でしょう?」

まず何が私たちの気持ちを奮い立たせるのかを見つけ出すこと。それができれば、自信を発達させようという意欲が刺激される。

単に自信をもちたいと思うだけでは不十分で、明確なモチベーションが必要なのだ。たとえばグループのなかですばらしく機知に富んだ会話が交わされていて、そこに入り込む余地がまったくなければ、誰でも自分の能力のなさを痛感するに違いない。

では、どうすればそのなかでやっていけるのだろう？　受け入れてもらう、仲間になる、関心を引く、認めてもらう、あるいは上司に面白いやつだと思わせる？

いや、あなたがやるべきは、肩の力を抜いてリラックスすることだ。そうすれば、あなたの取り組み方に変化が生まれる。おそらく、あなたに必要なのは、質問を返す勇気をもつことだ。それができれば、グループ内の聞き役、彼らが本当に話を聞いてほしい人物になれるだろう。

いかなる局面に遭遇しても、これまで自分がやって来たことを思い出せばよい。たとえデートがうまくできないほど極度な恥ずかしがり屋であっても、幼い頃の記憶はたどれるだろう。昔は子ども同士で分け隔てなく戯れていたなら、相手が大人に変わっただけで、子ども時代の接し方さえ思い出せば、気持ちが落ち着くはずだ。単に今の環境や状況が合わないからといって、あなたが本質的に他と異なるわけではない。


「自信という筋肉が落ちてきたので、もう一度ジムに行かなきゃならない。そんなふうに感じるのは単なる思い込みか、あるいは実際にそう思うほど嫌な経験をしたせいだ」

ドーン・ブレズリン（自信アドバイザー）

自信の達人、アニー・アッシュダウンによれば、自信不足の人に自信をもたせようとする場合、最大の障害は、自信不足を恥ずかしいことだとする社会認識にあるという。

一般的に人は、自分の読んでいる本のタイトルに「自信」という2文字があると、それを隠す傾向にある。一方多くのセレブたちは、臆することなく自信アドバイザーを雇い入れている。

アッシュダウンはこの事実を見逃してはならないという。彼女が指摘するのは、彼らが一様に口にする言葉だ。「もっと素敵になりたいから」。決して「欠点があるから」とは言わないのだ。

ひとつの分野で成功し、自信に満ち溢れている人は数多くいる。彼らは他の分野でもそうありたいと願い、継続的に自己啓発を続けている。

あなたも自信を発達させることを、人生における別の分野への進出ととらえれば、同じプロセスでもずっと取り組みやすくなるだろう。

忘れてはいけない。自信のある人たちは、常にわずかでも前進しようと努めている。成長できる余地や、改良できる点を明確にし、新たに学ぶことのできる何かを探し続けているのだ。

行動は脳の化学成分を変化させる

考えるだけでは自信はついてこない。料理でもランニングでもドライブでも同じこと。小さな一歩を刻み、ささやかな達成感を得て、ゆっくりとうまくなっていくのだ。

すでにどこかで、同じような記事を目にしているかもしれないが、脳には変化を受け入れる、いわゆる可塑性が備わっており、だからこそ人は自分を変えられる。だが、それは具体的にどういう意味なのか、いったい自信や個人にどう結びつくのか、疑問に思うだろう。

神経心理学者のドナルド・ヘッブはすでに50年も前に、脳がいかに学習するのかを発見していた。その理論は神経生物学者のカーラ・シャッツによりまとめられたが、そのとき彼女は「ともに発火すれば、ともにつながるニューロン」という有名な言葉を残している。

私たちが何かを考えたり行動したりするたび、それらは残らず脳に刻み込まれていくという事実を表した言葉だ。その後、神経科学者たちはこの仕組みについて、さらに深く研究を重ねている。

ニターシャー・ブルディオ博士は習慣を変える方法について、次のように述べている。

脳に可塑性があるからこそ、私たちは習慣をそっくり改めたり、一部のみ変更したりできるのです。

たとえばひとつの行為を反復し、特定の神経細胞ネットワークを継続的に活性化させれば、そのネットワークが標準設定になります。そうなれば、ほんのわずかな刺激だけでもネットワークが反応し、自動的にその行為が行われるというわけです。これが神経心理学における習慣形成のプロセスです。

ということは、いったん身についた習慣も、新たな神経経路を形成することで変えることができるのです。そのためには、新たな行動がもたらす結果を意識的にイメージし、実際にその行為を反復していかなければなりません。そうすれば新たなネットワークが形成され、無意識に行えるようになります。

大切なのは、物理的行為が神経経路を生み出すということ。何かを考えるだけでは、身体的行為をつかさどる脳の運動中枢は刺激されません。習慣を変えるには、新たな行動を起こさなければならないのです。プロスポーツ選手がほとんど儀式のようにひとつのことを反復するのは、このためです。

新たな習慣をさらに定着させるには、それを継続的に、より高い頻度で、繰り返し行わなければなりません。自らの意思で行動を変えていければ、あなたのなかに希望が芽生え、さらにもっと生産性の高いスキルを身につけたいという意欲につながっていくはずです。

運転を例にとってみよう。あなたは脳の指示により、特に意識することなく、一連の動作で自然に車のキーをイグニッションに差し込むだろう。ところが新車を購入したり、海外でレンタカーを利用したりすると、その車に慣れるまで頭のなかは混乱する。

あるいはジムに通おうと決めたとしよう。だが仕事がうまくいかず、意気消沈したまま帰宅すると、ワインを開けてテレビの前に座り込む。目の前の真新しいスポーツウェアを目にすると後ろめたい気分になるが、ワインとテレビのほうが習慣として定着する。さて、ではどうやって新たな習慣を身につけたらいいのだろう？

日常レベルで考えれば、月曜日と水曜日だけは飲みに行くのをやめ、会社の同僚か友人と一緒にジムに通うのだと、まず自分に言い聞かせよう。

日曜日と火曜日の夜は、ニュース番組を観たあとで音楽を聞きながらジムの支度。翌日は友人とジムに行き、世間話に花を咲かせ、家に帰って健康的な夕食をとるという具合だ。この繰り返しが習慣になっていく。

新たな習慣が大変なものであればあるほど、定着させるのも難しくなる。だが、その困難さを推し量るのは、なかなか容易ではない。願望や抵抗など、あらゆる要素を考慮に入れなければならないからだ。

昼休みに戸外の空気を吸うために、公園の散歩を習慣にするのと、吃音に悩む人がプレゼンテーションへの自信を発達させようとするのでは、困難の度合いが異なる。

人間の脳に可塑性があり、新たな行動が習慣を形成することさえ理解できれば、おのずとそのアプローチも変わるはずだ。

自信を喪失したまま負のスパイラルに落ち込んでしまうと、一段とその傾向が強くなり、その状態が長引けば長引くほど、回復しにくくなっていく。

だからと言って、それに怯え、自分を厳しく律しなければならないという意味ではない。負のスパイラルに対し、たとえささやかであってもなんらかの変化をもたらすことができれば、その繰り返しは徐々に蓄積され、ひいては有益な効果をもたらしていく。
もし人が集まるところですぐに抜け出そうとしたり、人目につかないよう隅に隠れたりしているなら、今回はひとつ隣の席に移動し、ほんのわずかでも長く残ろうと意識するだけで、徐々に変化が現れる。習慣的行為を打破するために行動すれば、その程度にかかわらず、効果が生まれていくのだ。

新たな、そしてちょっぴり刺激的なことをマスターしよう。あなたがそんなふうに前向きに行動しようと決意してくれたら嬉しい限りだ。変化は可能なのだという科学的裏づけが理解できれば、小さな変化を積み重ね、脳に新たなネットワークを作り出そうという意欲がわくはずだ。

心理学から見れば、変化に要する時間は、その人の現状と変えたい物事の中身による。指導するものが演技であろうが人生であろうが、コーチは相手の変化を促すのに長けているが、その変化は実践的スキルを発展させることで生まれる。
一方で、私たちは科学的見地から脳が固定的ではなく可塑的なものであることを知った。これは変化を求める人にとって、希望をもたらす明るいニュースになるだろう。

次章では、さまざまなタイプの自信があること、そしてそのなかで、あなたが思い描く自信はどのようなものかを見ていくことにしよう。

次の質問を自分にしてみよう。

①人生で、一番自信を発達させたいと思うのはどの分野か？
②自分が直面しているのは本当に自信の欠如か？　それとも変化に対する抵抗感だろうか？
③本当に自信が足りないのか、それともマンネリ化が原因なのか？　自信の欠如ではなくマンネリ化だとしたら、どう対処するか？　自信を発達させるために普段の習慣を変えることができるか？

第8章 あなたが望む自信のタイプは？

CHAPTER 8 WHAT TYPE OF CONFIDENCE DO YOU ASPIRE TO?

もし本書の冒頭でこんなふうに質問をしていたら、おそらくあなたは困惑し、「どんな自信でもいい」と答えていたのではないだろうか。

本物の自信とは心の状態だ。具体的には次のような状態を意味している。

- 心の内側からわき上がってくる
- 嘘偽りがない
- 穏やかだが、ときに高揚感を伴う
- あなた本来の性質、あなたのもつあらゆる希望や夢に沿っている

本書では第1部で自信とは何かを確認し、第2部で自信を失った理由を分析し、第3部では

自信をつける方法を説明している。

前の章では自信とは学ぶことのできるスキルなのだと明かした。この過程で私たちは、自信を増幅させるたくさんの方法や、急激に何かを変えなくても自信を発達させることができる、日常生活上の簡単なヒントを示してきた。

ここまでであなたがすでに前向きな気持ちになり、自信が芽生えてきたと感じているなら嬉しい限りだ。

本章では、あなたが望む自信のタイプについて問いかける。あなたにとって本物の自信とはどのようなものか、それが明確になるようあと押しするのが目的だ。

自信を失っている人が抱える問題のひとつは、周囲の人たちの自信が判断できないことにある。慢性的に自信がない人であれば、おそらく自信に溢れた人を見て羨ましいと思い、常にその人と自分を比較してしまうだろう。

しかし、自信が海外のさまざまな国や文化のなかでどうとらえられているのか、どのような種類の自信が存在するのかを探ってみると、世界は必ずしも、自信がある人とない人に二分されるわけではないとわかる。

あなたも自信というものを観察すれば、白黒では決着できないものが存在すると気づくだろう。そしてどのような自信が自分に合っているのか、より明確なイメージがもてるはずだ。

自信のあり方は文化によって違う

自信を理解する面白い方法のひとつは、旅先でそれを調べてみることだ。人間観察も、より楽しくなるだろう。

世界のどんな都市にも、同じスマートフォン、同じファッションブランド、同じカフェがある。だが、自信に対する考え方を比較するとどうだろう？　住む場所によって、自信のとらえ方は異なるのだろうか？

その国や土地の文化を知り、自信というものをより深いレベルで理解できれば、あなたがどんな自信を必要としているのか、より明確に把握できるはずだ。

学術研究ではたいていの場合、こうした文化の多様性は考慮されない。だからこそ、心理学者のトマス・チャモロ＝プリミュージク博士やイローナ・ボニウェル博士のような国際的専門家は、ユニークで貴重な存在と評価されるのだ。

心理学上の特質と文化的多様性の間になんらかの関連性があるとすれば、私たち自身の文化に基づく研究か、国際的な研究こそ、もっとも重要なものになるだろう。

ボニウェル博士の研究によれば、アジア諸国では、自分中心に物事を考える行為は社会的に容認されにくく、アングロサクソン系の国々に比べ、自尊心の度合いが低いという。

幸福をテーマに行われた調査では、ロシアは、イギリスやアメリカに比べて幸福を感じる度合いが低かった。これはロシアでは、人前で幸せだと表現することが社会的に受け入れられにくいためである。

「多くの研究は、アメリカ人を対象にアメリカ国内で実施される。つまりその研究結果は、確定的かつ汎用性があるとは言いがたい」

イローナ・ボニウェル博士（ポジティブ心理学者）

どんな場合でも、学術研究から学び得るものは限られてくる。自分を成長させようと思えば、その目で観察することが不可欠だ。心理学者でさえ、研究や調査にひらめきをもたらすのは、自らの経験や観察なのだ。

チャモロ＝プリミュージク博士は、１９８８年にアルゼンチンからイギリスに移住し、その後15年間、イギリスとアメリカを行き来しながら過ごしてきたので、自信における文化的多様性は十分認識していた。

実際に彼が自信に興味をもつようになったのは移住する前、まだアルゼンチンで生活していた頃、国民の自信過剰気味な気質と、母国の政治・経済の状況とが一致していない事実に気づいたためだ。大きな疑問が胸のなかにわき起こる。現実が伴わない自信とは、いったい何だろう？

その後、博士はイギリスで、自己卑下とうわべの謙虚さという、さらに複雑な文化に遭遇する。その後アメリカでは、人々がいとも簡単に自信を手に入れ、また自信があるように振る舞う姿を目にするが、それは能力を発達させられるようなものではなく、「反知性主義と誤解」に基づく自信だった。

さらに彼は、地中海沿岸地域の人たちは自信過剰タイプ、北部ヨーロッパ地域の人たちは能力を重視するタイプであることを発見した。

なかでも文化的見地から彼を惹きつけたのは北東アジア人で、自信不足であると同時に、文化的に謙虚さを好む傾向にあった。

「アジアでは、人々は自分を実際よりも控えめにとらえます。ほめられると困惑してしまうので、自分に対しては、どちらかと言えば否定的な意見を好むようです」

と彼は言う。


20歳からの15年をイギリスで過ごし、その後渡仏したボニウェル博士によれば、イギリスでは人々は自信を追い求めるが、フランスではうわべの自信をまとっている。

博士は、フランスの教育システムがあまりに厳しいために、人々が本物の自信をもてないのがその原因だと言う。パリを訪問する機会があれば、ぜひこの話を思い出してほしい。パリジャンのもつ冷たさは見せかけの自信あるいは無礼さのいずれかによるものなのだ。

ラトビアとロシアで生まれ育ち、ソビエト連邦崩壊前にイギリスに渡った博士には、ゲルマン諸国や北欧特有の静かな自信が備わっていた。その後、ロシアでは大きな文化の転換期を迎え、自信を前面に押し出すスタイルが主流になっていく。

「競争社会に大きくシフトしたため、常に自分の重要性を示していかなければならないのです」

と博士は語る。

「究極の自信」を目指すのは危険だ

自信に対する文化的態度を観察し、検討を加えていくと、さまざまな疑問や考えが生まれてくる。「十分な自信」でよいのか、「究極の自信」が必要なのか、という疑問もそのひとつだ。ボニウェル博士によれば、北欧諸国は「十分な自信」をもつ国々であり、彼女が最近まで大学で教えていたアイスランドでは、特にその傾向が顕著だという。

「そこでは多方面にわたる総合的な自信というものが存在します。アイスランドの女性は驚くほど自信に満ちています。彼女たちは穏やかで、何にでも積極的に取り組みますが、その一方で魅力的に見られたいという願望は薄く、今の自分の肉体や服装に満足しています。仕事が終わるのはたいてい午後4時。その後は男女平等に子どもの面倒を見るなど、仕事と家庭のバランスが見事に保たれています。母国と文化にプライドをもっていますが、決してそれをひけらかすことはありません」

あなたがワーカホリックで、なぜ労働時間と自尊心には関連性がないのだろうと思うなら、それはあなたが、「究極の自信」を得たいという願望をあまりに強くもちすぎているせいだ。

ニターシャー・ブルディオ博士は、日本のサムライを見れば、究極の自信とは何かが理解できると言う。

彼らは何事も「死を賭してやる」ように訓練されている。言い換えれば、彼らは命を賭けられるくらいの自信をもっていたのだ。

ブルディオ博士は生理学の専門家として、すべての状況を受け入れるのは、心と身体に大きな負荷がかかると語る。

「戦いにはリラックスして臨むこと。目の前の現実から目をそむけず、ベストを尽くして挑戦すべきです」

だがそこには、高い自殺率を示す現代の日本社会を見ればわかるように、負の側面がある。

「精いっぱい頑張るか、死か、という考えは、いまだに文化的精神として日本の社会のなかに生き続けています」

と博士は語る。

「この種の自信は、もし精いっぱい頑張ってもうまくいかなければ、生きている価値はないという考えにつながっているのです」

ともすれば人は、何かが欠けても、その穴を他の余剰分で補充すればよいという幻想に駆られる。お金が足りなければ宝くじを当てればよいと思い込むように、自信がないと、際限なく自信を得ようと願うものだ。

だがもしも心のなかで、必要以上の自信は不健康で「究極の自信」につながると感じられれば、そうした感情はわいてこないはずだ。

一方で、「十分な自信」は得やすいだけでなく、持続させることができる。あなたの自信が本物なら、もてる資質との間で相乗効果を発揮するだろう。

覚えておいてほしい。自信とは自己を知るところから始まるが、ときにはそのやり方がわからなかったり、やってみると不快だったりするのに気づくこともあるのだ。限界まで頑張るよりも、バランスが大切なのだ。

自信過剰にメリットはあるのか？

自信について観察し、分析し始めるようになると、当然ながら自信にはどのようなタイプがあるのか気になるだろう。

たとえ仕事で大きなミスを犯そうが、ハッタリを利かせて切り抜けていける同僚がいたら、あなたも感服するに違いない。だが、自分の能力のなさまでごまかしている人がいたら、その自信はいったいどこからくるのだろう？

「でも、自信過剰が十分役に立つなら、それでいいじゃないか」と、あなたは考えるかもしれない。その通り、実際、自信過剰は役に立つのだ。

２０１１年にエジンバラ大学とカリフォルニア大学サンディエゴ校が行った調査【1】では、自信過剰はリスクの高い場面で有効だと証明された。だが同時にそれは、２００８年の金融危機や２００３年のイラク戦争でもわかるように、しっぺ返しをくらう可能性もある。

「自信過剰は傲慢さの表れ。傲慢さは根拠のない自信。そこにはエゴの増長と、個人の価値と能力に対する誤解がある」

アニー・アッシュダウン（自信アドバイザー）

依然としてこうした大きな国際的事件は、ごく普通の日常生活からかけ離れたものととらえられているようだ。では、自信過剰が蔓延するソーシャルメディアの世界はどうだろう？

インターネットとソーシャルメディアは、調査を行う媒体としては未開拓分野だが、現実世界では不快に思われることも、仮想世界では快適に行えるかもしれない。

ブルネル大学ロンドン校の心理学者による研究【2】では、フェイスブックユーザーのうち自己陶酔スコアの高い者ほど、人に注目されるためにデータを最新に保とうとして、自分のステータスをより頻繁にアップデートする傾向にあるという。

さらに、自尊心の低い者ほど、恋人の情報をより頻繁にアップデートすることもわかっている。


また、2011年に学術専門誌『Cyberpsychology, Behavior and Social Networking（サイバー心理学、行動、およびソーシャルネットワーキング）』に掲載された研究【3】では、見た目に気を使う女性ほどソーシャルメディアにたくさんの写真をアップし、より多くのネットワークをもっていると報告されている。

この結果は特に驚くにはあたらない。だが、そうした行為の引き金になっているのは、自己の内なる自信というよりも、単に注目されたいという願望だ。

つまり内的な自信ではなく、あくまで外見に基づく自信過剰のひとつの表れなのだが、なかにはこれを「本物の」自信だと誤解する者もいる。

この研究の結果で興味深い点は、学力、家族への愛情と支援、向上心に重きを置く被験者ほど、オンラインに関わる時間が少なかったことである。

なかにはフォロワーや「お気に入り」「いいね」の数といった、フェイスブックやツイッターの注目度が自信につながる人も必ずいるはずだ。

ピッツバーグ大学とコロンビア・ビジネス・スクールの研究員たちは、2013年に専門誌『Journal of Consumer Research（消費行動研究ジャーナル）』に掲載された論文【4】のなかで、フェイスブックの「いいね」の数や好意的なコメントに従って行動するのは危険だと警鐘を鳴らしている。

研究を通じ、ソーシャルメディアに裏打ちされた自尊心は、クレジットカードによる負債、アルコールあるいは糖分の摂取過多、自制行動が困難といった結果につながるとわかったのだ。

一方、過剰な自信の利点については確かな科学的裏づけがある。2012年に行われたIESEビジネススクールとネバダ大学による調査が学術誌『Journal of Personality and Social Psychology（パーソナリティおよび社会心理学ジャーナル）』に発表されたが、それによれば、過剰な自信は、社会的地位を得るための一助になり得るという【5】。

自信過剰な人物は、能力は伴わなくても昇進し、より高い地位と名声を獲得することで周囲から尊敬されていくのだ。

論文の執筆者は、組織は自己評価による自信ではなく、その人物の能力を評価すべきだと強く警告を発している。さらに、極めて重大かつ気分の滅入る研究結果がある。自信過剰な人物が属している組織のメンバーは、地位の高いそうした人物が自信過剰だとは思わず、それどころかすばらしい人だと感じているという。

ここまででわかったのは、過剰な自信は望ましいものではなく、魅力的なものでもないという事実だ。あなたが自信過剰な人たちを見分けられるようになりたければ、自分自身にこう問いかけてほしい。過剰な自信はその人物に何をもたらし、周囲の人たちにどんな影響を与えたのか、と。

それでもこの種の自信を身につけたいなら、そこには実質が伴っていないとあらかじめ肝に銘じておこう。いずれにせよ、あなたが傲慢さを備えている可能性は、まずないはずだ。あなたが本書を読んでいるという事実は、あなたが傲慢であるはずがないことを示している。

ナルシシズムは自信ではない

私たちは新たな状況を克服し、具体的な行動を起こしていく自信に着目してきたが、自信の要素である自尊心は、いかに自分を見つめ、どう評価するかにかかっている。大まかに言えば、自尊心とは、自分自身をいかにポジティブにとらえていくかである。しかし一方で、大変複雑なものだというのもまた事実である。

自尊心の古典的な定義は、1890年に、哲学者で心理学者でもあったウィリアム・ジェームズによってなされた。彼によれば、自尊心は達成度と本人の願望の割合だという【6】。達成とは、自分の願望が叶ったという認識を指す。

現代の心理学者は、この自尊心を、信頼と防御、肯定と否定、有能と無能、有益と無益に分類する。ジョージア大学のマイケル・カーニスは、2008年に行った研究【7】で、自尊心のなかには、さらに確実と脆弱という相違が存在すると主張した。

脆弱性を備えた高い自尊心をもつ個人は、積極的だが自己防御が過剰で、人から好かれない人物という印象を与えるという。

「自尊心の分類が、防衛的で自己陶酔型、能力が伴わないタイプの場合、好ましいものとは言いがたい。自惚れが強く不安定で、他人に対して不快感を与えるだろう」

イローナ・ボニウェル博士（ポジティブ心理学者）

チャモロ＝プリミュージク博士は自著『自信がない人は一流になれる』のなかで、ナルシシズムと過剰な自信との相互関係を証明するいくつかの研究について言及している。

ブリティッシュコロンビア大学のデトロイ・ポールハウスによる自己欺瞞に関する研究【8】では、匿名の被験者に、さまざまなトピックスに対してどれだけ知識があるのかを試し、あとで結果を自己申告する形式で、テストを実施した。

被験者はナルシシズムについても評価され、自分に関する情報をいかに提示するかが試された。結果は、実際よりも多くのトピックスを知っていたと主張する被験者はナルシストであると判定された。

自信不足の人たちからすれば、自信過剰な人たちは、周りに平気で嘘がつける厚かましい人物だと考えたくなる。ところが、さまざまな研究が示すのは、自信過剰な人たちは、実際には他人ではなく、自分に対して嘘をついているということだ。

チャモロ＝プリミュージク博士はアルゼンチン人として、このテーマに関して多大な興味を抱いており、それは単に学術関連だけにとどまらない。

彼は1998年に母国の経済が破綻したとき、過剰な自信が個人および社会全体を自滅の道へと導いていった過程を自ら体験した。もしも過剰な自信が破綻へとつながっていくなら、自信過剰な人たちが未来を変えてしまうのだろうか？

博士は次のように述べている。

成功することに慣れてしまうと、失敗に適応するほうが難しくなります。しかし、ポイントは今も昔も同じ。健全な適応反応は、現実をチェックすることで自信の度合いを調整します。たとえば経済危機には、実際よりも豊かではないことに気づき、その現実を受け入れ、もう一度やり直そうとする人たちが現れます（第二次世界大戦の敗戦ショックから立ち直った日本やドイツのように）。それ以外の人たちは現実に気づかないか、さもなければ誰かを非難し続けるでしょう。つまり彼らは自信こそ大きいけれど、能力は劣るのです。

スピーチやプレゼンテーションに関して言えば、博士は自分自身でも認めるように、以前は自信過剰タイプだった。仕事を始めた頃は、学生の興味を惹きつけ、人気を得ることのほうが大切だと考えていたため、講義はその場の流れに合わせて「即興」で行っていた。

だが、少しずつ自己認識が深まるにつれ、影響力のある人間になりたいと思い始めた彼は、徐々に変わっていったのだ。

「私の講義を聞いている学生には、２種類のタイプが存在します。その場に合わせた意味のない話をすると、それを敏感に感じとっていく学生と、魅力的ないかさま師に騙される幼稚な学生です」

自信がありすぎると、ベストの自分になることはできない。なぜなら本当の才能を得ようとする意欲がないからだ。

「彼らは自分が偉大だと思っています。反対に自信不足の人は、理想とする自分（なりたい人物像）と、現実の自分（今の自分）との間にあるギャップを埋めたいという意欲があるのです」

さまざまなタイプの自信について考察すれば、自信過剰なナルシストになるのはそう難しいことではないとわかる。旅先で人間観察をすれば、文化の相違に基づくユニークな自信があることにも気づくはずだ。

本章で見てきたように、過剰な自信は、同時に能力のなさを露呈している場合もあり、こうした具体例を報告する国際的な学術調査は枚挙にいとまがない。

自信過剰な人に憧れを抱くと自分の能力に気づかなくなり、あなた本来の自信が損なわれる可能性が生じるし、能力のない人を尊敬すると、周囲の人たち（たとえば雇用主など）があなたのスキルを見落とすようになるかもしれない。

自分の能力が見過ごされれば、自らの内なる自信に気づかないという悪循環に陥るだろう。さらに、私たちが直面しているのは、周囲に関心を向けない自己陶酔型社会なのだから、ナルシストにいかに対応すべきかを知らねばならない。

得てして彼らに憧れることで自分もすばらしい人間になったように感じるものだが、ナルシシズムは自信とは本質的に異なるので、そうした人たちを尊敬してはならない。彼らはあなたの自信を埋もれさせてしまうだけでなく、不健康なロールモデルであり、さらには私たちの社会を損なう存在でもあるからだ。

私たちが望むのは、あなたが自分の能力を存分に引き出し、そこに喜びを感じながら、自らの自信を発達させていくことだ。

自信とは声高に主張するものではない。そうすることに違和感を覚えるなら、あなたはすでに、自信とは本来静かにそこに存在するものだと理解できているのだ。

第9章 自信を確立する14の習慣

CHAPTER 9 CONFIDENCE-BUILDING HABITS

本書をここまで読んできて、自信とは概念的な到達目標ではなく、毎日何かに取り組むなかで生まれるものだと理解していただけたと思う。

本物の自信を得るには、それを学ぶ過程が大切だ。生活のなかに、それを確立するための一連の習慣を確立させなければならない。自信をつけるために学習の機会をじっと待ち、そこで何かを得ようというのでは遅すぎる。

本章では、自信とはなんら関係ないように見える習慣であっても、それを身につけることで、いかに有機的に自信を発達させられるかを見ていこう。

以下に登場するのは14の習慣である。ひとつひとつ、意識せずとも自然にできるようになるまで、頑張って身体に覚え込ませよう。

簡単にできるものもあれば、意識しなければ身につかないものもあるだろう。ただし、ひとつの習慣にとらわれすぎてはいけない。もし難しくてできそうになければ次へ進み、あとで戻ればいい。

自信を確立することを目的としたこの習慣は、習得していくに従い、身につけるのに時間がかからなくなるのも特徴だ。

1 自分自身を評価する

自信がないという漠然とした感覚に溺れているようなら、自信が必要という考えはひとまず忘れ、手持ちの在庫を確認しよう。

自分が求めるもの、必要とするものは何か？ 気持ちがぐらつき、「もうだめだ、私にはもう無理」といった領域にまで落ち込んだなら、その都度、一度冷静になってその気持ちを切り離し、自分の位置を見極め、この先どこへ向かうべきか、何を学ぶべきかを考えればよい。自分を評価するのだ。

忘れないでほしいのは、これは自己批判ではないということ。単純に、何を学ぶべきかを明確にする行為なのだ。

会社に雇われてつまらない仕事をするのはもうやめて、自分でビジネスを立ち上げたいのだとしたら、まず到達地点を定め、そこまで行くには何が必要かを確かめることだ。

会計学を学ばねばならないか？　万一の場合を考えてお金を貯めるべきか？　支援してくれる人たちのネットワークはあるか？

トマス・チャモロ＝プリミュージク博士は次のように言う。

「目標は、あなたにとって重要な資産になるはずです。まずはあなた自身を正確に評価すべきです。そのうえで自問してみましょう。どれだけそれに取り組む必要があるのだろうか、と」

2　学び続ける

「自信は誰にも備わっていると考えるのは偏見だ。自信を発展させなければ、仕事も一定レベルまで向上しない」

トマス・チャモロ＝プリミュージク博士（心理学者）

もしあなたが常に何かの講座を受講しているのなら、あなたの脳はかなり鍛えられているに違いない。自信をもちたい対象に関係なく、何かを学ぶと波及効果が生まれる。

仕事に対して自信がないとくよくよ考えているより、仕事に無関係でも興味がある事柄について学ぶべきだ。情熱を追い求め、脳に何かを学習させる。こうすることで楽しみが生まれ、エネルギーがわき、ひいてはその自信が仕事によい結果をもたらすのだ。

2012年にメルボルン大学が行った調査【1】によれば、自信と仕事上の成功には大きな相関関係があるという。

もちろんこれは、当たり前の事実を述べているに過ぎない。実際、この調査が伝えているのは、小学校から社会に出るまでの教育を通じて大きな自信を得ると、その後の仕事によい結果をもたらすというものだった。

メディアはこの調査を、「思い込めばやがて現実になる」という切り口で報じていたが、この調査が本来言いたかったのはまったく別で、個人が自信を築く際の土台を提供するのが教育の役目ということだ。

学術的にどの程度のレベルを目指すのかは別として、学びが必要な特定分野を探し出すのは、大人ならあまり難しいことではない。能力が自信につながるなら、その自信を生み出すもっとも大切な習慣は学習である。

3 意志力を高める

「最終的に、意志力はすべてに打ち勝つ。本当に何かを手に入れたいと思うなら、自分のスキルに対する評価は別として、思い切って手を伸ばしてみればいい」

トマス・チャモロ＝プリミュージク博士（心理学者）

自信がないと言いながら、どういうわけか目標を達成してしまう人がいる。この奇妙な矛盾を、あなたは不思議に思うだろう。その答えは意志力にある。

自信ではなく、どれほどそれが欲しいのか、なぜ欲しいのか、そしてそれを手にしたときにどうなるのかに着目すべきだ。

仮に、ランニングに自信はないが愛する人が難病に苦しむのを少しでも助けたくて、チャリティでお金を工面するためにマラソンに参加したいと願っているとしよう。その場合、少しずつランニングの距離を延ばし、走破できるまで続けられるかは、まさにあなたの意志力にかかっているのだ。

4 成功経験について考える

「人は成功よりも、失敗についてくよくよと考えます。しかし、成功が自信というレンガを積み上げてくれるものだとすれば、成功の経験について語り、理解することこそが大切なのです」

イローナ・ボニウェル博士（ポジティブ心理学者）

何かに失敗した経験や、自分にできないことについて話すのに、多くの時間と労力を費やしてはいないだろうか？　これは悪い習慣だ。これからは頭を切り替え、どんなささやかなことでも構わないから、なるべく成功体験について語るようにしよう。

自分がいかにくだらない人間かを何度も何度も繰り返すのではなく、チャレンジした結果、ほんの少しでも前進できたそのプロセスについて話す習慣を身につければ、成長の度合いはますます大きくなるだろう。

ボニウェル博士は、心理学で言うところの「建設的反応」について言及しているが、これは要するに、ネガティブな経験ではなく、ポジティブな経験に着目しようというものだ。

この領域における研究では、何がふたりをつないでいるのか、ふたりの関係に何がよい影響を与えているのかについて語り合うカップルのほうが、互いが抱える問題について議論するカップルよりも長続きすると報告されている。

この法則を、自信を発達させるために努力を重ねている分野に適用すれば、得られるものは大きいはずだ。

たとえば緊張のために、就職面接試験の受け答えがめちゃくちゃになったとしても、うまくいった点を次へ生かしながら、その後も引き続きチャレンジしていけるはずだ。

今回は頭のなかが真っ白にならなかった、今回はずっと笑顔で通すことができた、今回は長所を忘れずに言えた、といった調子にやっていこう。うまくいかなかったことを考えるのはやめなければいけない。

5 悪い経験はいいほうに考える

本当の自分でいることとは、自分の感情を素直に受け入れることだ。ということは、あなたが惨めな気持ちでいると、考え方も惨めになる。

だから気分を変えるには、その悲観的な考えをやわらげる習慣を身につければいい。「商談が大失敗に終わった。これはクビになるかもしれない」と考えている場合は、こんなふうに考え方を変えてみよう。

「もっとうまくやれたかもしれない。しかし、上司も今回が初めてだと知っているから、わかってくれるさ」

認知行動療法では、まず考えの筋道を明確にし、そのうえでそれが正しいという証拠があれば、希望や可能性が見出せるというのが基本だ。

たとえば、本当にあなたの上司は、プレゼンテーションがうまくいかなかったらクビだと言ったのか？　これまであなたにプレゼンテーションの経験がないなら、必ず失敗するという証拠はどこにある？

考えを修正することは、完全に根本から変えるよりも、方法としては取り組みやすい。まず、私たちの考えが本当に正しいかどうかを疑う。そうすれば、この部分は正しく、この部分は間違っている可能性があると説明することができる。

たとえば、もしあなたが不安に駆られているとしよう。予測がつかないわけだから当然だ。もしかしたら悪い方向にいくかもしれないが、おそらく一方では、それほど悪いことにはならないのではないかと感じてもいるはずだ。

6　考え込むよりまず行動する

「心配や強迫観念への対処法は『行動すること』だ」

ニキ・フラックス（演技コーチ、心理学者、セラピスト）

私たちは、人の心理状態や自分に対する感情が一晩、あるいは数日で変わると主張するつもりはない。

これまで述べてきたように、自信は変動し、いくつかの要素から影響を受ける。不安定で落ち着かない時間を、ときには何日も送ることもあるだろう。

そんなとき、必要以上に考えるのはやめよう。考えすぎだと思ったら、何か行動を起こせばよい。行動は必ず自信につながる。

ニキ・フラックスは、自分の患者に、否定的あるいは批判的な言葉を投げかけてくる内なる声から逃れたければ、まず行動を起こせと勧めている。

彼女はまた、ヨガの行者たちが難しいポーズを開発してきたのは、ただ座っているだけではうまく瞑想できないからだとも語る。

「ヨガは動きを伴う瞑想です。何かを理解しようとしてはいけません。身体を動かしているからこそ、あなたの脳はリラックスできるのです」

もし今後、自分のキャリアに不安を感じたなら、たとえばウォーキングに出かけたり、家の掃除をしたり、あるいはガーデニングを楽しんだりするといいだろう。

7 自信がわく姿勢をとる

２００９年に行われたオハイオ大学の調査【2】によれば、多くの人が何かをするのに背筋を伸ばして座っていると気持ちがいいと語ったという。しかも、机に前のめりになっている被験者に比べ、見た目もきれいに見える。

しかし、すべてを忘れて何かに没頭しているときには姿勢のことは忘れがちだ。それにもかかわらず、身体を使って何かの行動を起こせば、脳の化学組成も変化が生じるし、科学もこれを裏づける十分なデータを揃えている。

昨今では、社会心理学者でハーバード・ビジネス・スクール教授を務めるエイミー・カディが他の研究者仲間と行った革新的研究【3】がある。

カディらの発見によれば、パワーポーズ（小さく縮こまるのではなく、身体を大きく広げる姿勢）

をとるとホルモンが変化し、ストレスに反応しなくなり、同時にテストステロンが分泌されることでエネルギーが増すという。

ただし、これにより変化するのは、他者の目に映る自分の姿ではなく、あくまで自分の感じ方である。就職面接試験の前にわずか2分間、身体を大きく広げる姿勢をとるだけで（うずくまって座ってはいけない）、緊張がほぐれ、自信がわいてくるのだ。

ストレスに満ちた状況のなかで緊張しながら姿勢を変えようと努力しても、結局のところしっくりこず、落ち着かない気分になってしまうことがある。それよりも、毎日の生活のなかで自分の姿勢を自覚する習慣を身につけるほうがよい。

身体を大きく広げる姿勢は（ひとりでいるときでさえ）あなたの心を変化させ、自信をもたらす。カディの発見は、こうした行為が脳の化学組成を変化させることを裏づけている。毎日2分間この姿勢をとり続けることができれば、まさに力強い習慣になるだろう。

8 バランスのよい食事をとる

誰もが健康的な食事をとるべきだと繰り返し言い、誰もがそれをまったく当然だと思うだろう。

だがその反面、それが本当に自信と結びつくのかという率直な疑問もあるかもしれない。普段は健康的な食生活を送っていても、ストレスや不安を抱えると、自然とコーヒーに手が伸びたり、食べすぎたり、逆に食べることを忘れたりもするだろう。

そんなときこそ正しい栄養をとることに注意を払い、悪しき習慣に別れを告げるのだ。休日にコーヒーやお酒を飲むのは、それでリラックスでき、気分がよくなるならば構わない。だが、自信を発達させようとするときには、邪魔になることもある。

ニターシャー・ブルディオ博士は健康的な食事についてこう語る。

神経回路網に影響を与えるもの、私たちの気持ちに影響を与えるものなら何でもＯＫです。

とても暑い日を想像してみてください。食べ物があまり喉を通らず、塩分の摂取量もほとんどなく、水分さえ不足しているとします。そうなると、あなたの電解質バランスは崩れ、神経伝導は低下しますから、気持ちが奮い立ちません。

じっと座ったまま、なぜ仕事に向かう気になれないのだろう、なぜやる気がわいてこないのだろうと考えるより、バランスのとれた食事をとることが大切なのです。

食べれば誰でも自信がわくような、スーパーフードはありません。それは人によって異なります。コーヒー1杯で元気が出るという人がいる一方で、いらいらするからカフェインはだめという人もいます。何が自分に合っているのかを知ることです。

9 運動する

「運動は毎日の生活や、そこで起こる問題に対処するために必要な心の耐久力を養うのに役立ちます」

ニターシャー・ブルディオ博士（生理学者）

あなたは運動と聞けばダイエットという言葉を思い浮かべ、自分はジム通いをするタイプではないと言うかもしれない。

しかし、なんらかの運動を日課にすれば、精神面に大きな影響を与えるだろう（そしてもちろん、身体にも効果はある）。

ただし、目的は、身体を動かすことで脳から恍惚感をもたらすエンドルフィンを分泌させることなので、あなたの好きな身体活動であることが必須条件だ。

自転車通勤はどうだろう？　散歩でもよい。社交ダンスでもキックボクシングでもよい。運動には気分転換以上の効果がある。精神を強く、柔軟なものにしてくれるのだ。

あなたは運動によって、自信を得たいと願う特定の領域に強靭さとレジリエンスを与えることができる。

ブルディオ博士は、身体と精神がつながりをもつことができれば、問題に対する解決策を見出せるようになると言う。

以下のような運動を毎朝5分間実践することで、その日一日に対する意欲がわいてくると語っている。

横になり、肉体に意識を集中します。まずつま先をぶるぶる震わせ、その動作を徐々に上方に移していき、身体全体に行き渡らせます。

震わせながら、その部分を意識しましょう。動作が頭まで来たとき、何かを考えていたら、その思念を振り払うようにします。

身体全体が記憶をもっています。頭にだけあるわけではありません。自信は身体全体で感じるものです。気持ちが落ち着けば、あなた自身を感じることができます。そう、身体全体を使うのです。

10 呼吸する

呼吸はもっとも簡単なことだ。私たちは意識せずとも呼吸している。だが、正しく呼吸する習慣を養えば、ほかに何をしなくても、それだけであなたの心を根底から変えられる。

ストレスを感じたり、自己嫌悪に陥っていたり、あるいはたくさんの仕事に追われていたりすると、呼吸も浅くなりがちだ。実際はこれに気づくのは難しい。

だからこそ、どう呼吸しているかに意識を向ける習慣を身につけることが大切なのだ。常に心に留めておくべきは、本物の自信があるときは心も穏やかであり、心穏やかなときは心拍数も正常だということだ。心を素早く落ち着かせるためには、正しく呼吸をすればよい。

科学的根拠を知れば、呼吸に対する理解も深まるだろう。脳は酸素を必要とし、酸素は深く息をすることで供給される。このプロセスは同時に、各器官に血液を送り、臓器を機能させるという一連の生理的反応を誘発していく。これには心拍数の調整も含まれる。

ブルディオ博士は、自分に対して悲観的な感情を抱いた場合、すぐに気分を高揚させる呼吸法に切り替えればよいと言う。すなわち息を深く吸い込み、素早く吐き出すのである。このテクニックは、ヨガでは「火の呼吸」として知られている。

また、誰かにバランスを崩されて気持ちが揺れ動いてしまった場合、その対処法として博士が勧めるのは、指で片方の鼻孔を閉じてもう片方で呼吸をし、しばらく続けてから今度は反対の鼻孔を閉じてもう片方で呼吸をするという方法である。

最初は利き手側の鼻孔で呼吸しよう。つまり、右利きなら右側の鼻孔から呼吸を始めるということだ。

緊張している場合には、日本の武道でよく見られる腹式呼吸がよい。まず両足を肩幅に開いて立ち、右手をへそのあたりに添え、鼻から深く息を吸い込みながら、お腹に吸気がたまるのを確認し、最後に鼻からゆっくり息を吐いていく。

口で息をすると呼吸が速くなるが、これは、鼻よりも口のほうが大きいためだ。鼻孔を使えば呼吸は遅くなる。こちらのほうが不安や緊張など、あらゆる状況に適した呼吸法なのである。

11 自分を大切に扱う

「自分を大切に扱わなければ、自信は得られません。自信を感じるには、エネルギーの補給が必要です。あなたはどんなものからエネルギーをもらいますか?」

ドーン・ブレズリン（自信アドバイザー）

自分に自信が感じられないときは、誰もが自信は「もつ」ことができると思い込んでいる。だが、すでにここまで読み進め、本書を理解している読者なら、これは間違いだとわかるだろう。

常に新たなことに挑戦し、学び、それに習熟するにつれて喜びを感じることで、自信は発達する。

だがそうするには、まず自分自身を大切にするところから始めなければならない。

自信がもてないと感じているときにエリートビジネスマンの姿を目にすれば、なぜ彼らのようになれないのかと考えたくもなるだろう。だが同時に、燃え尽きて自信を失ってしまったエリートもいるのである。彼らの挫折の原因は、自分を大切にしなかったことにある。

うまくいっているときはもちろんだが、自信を失っているときでさえも、毎日きちんと自分自身に気を配るべきだ。それは自信をもたらすための大切な習慣である。

自分自身に気を配るとはどういうことか、ひとつひとつ挙げていけばきりがない。たとえばしっかり食事をし、身体を動かし、十分な睡眠と休息をとることだ。

何かを変えるために自信が必要なときは、特に自分自身に気を配ろう。

「変化には、自分が強靭であると感じられるだけのエネルギーが必要です」とブレズリンは言う。

変化に備えるには、自信のなさがこれまでの自分をどれほどだめにしてきたか、いかに未来への障害になっているのかはいったん忘れ、現状をしっかりと見つめよう。

ブレズリンは、毎日のルーティーンを決め、リストに書き出し、それを常に目に入る場所に貼ることを勧めている。

彼女のルーティーンはこうだ。毎朝、お気に入りのプレイリストを再生し、洗濯機を回し、キッチンを掃除する。日中は紅茶のカップを片手にゆっくりし、一日の終わりにはいつも自分が好きなビーチへ向かう。

「一日の計画はきちんとできているから外出もできるし、しかもたくさんのエネルギーをもらうことができるのです」

12 自分の家を天国に変える

本書を読み終えるまでには、あなたの意識は自信をもちたいと思う活動や分野のスキルを高めることに向き始めているだろう。

どんなことをするにしても、あなたには確かな基盤が必要だ。それは家をおいてほかにはない。もし家の中が乱雑でくつろげないとしたら、ほんのささやかな変化でさえも実現するのは難しい。家は、人生という長い旅のよりどころとなるべき場所なのだ。

エベレストに登ろうとするなら、ルート上にベースキャンプを置かなければならない。そのなかには、登頂のために必要な、活力を回復させるあらゆるものが揃っている。人生もエベレストを登頂するようなものだ。困難と極度の疲労に満ちている。

では、ベースキャンプのなかには何を用意するべきだろうか？　力を維持するためには、まずスローダウンし、バランスを整えることを優先することも学ばなければならない。エネルギーとも折り合いをつけ、体力の維持方法を学ぶ必要がある。家は、あなたを育み、支え、活力を与える場所になっていなければならない。

あなたには家を掃除し、きれいに整えるといういたってシンプルなルーティーンと、何かが壊れたときにそれを修理できるサポートシステムを備えておく責任がある。

自分のスペースはきれいに片づけ、その空間を好きなもので飾るとよい。自分の家をできる限りきれいに整え、一歩足を踏み入れれば、すぐにポジティブなエネルギーが手に入る状態にしておこう。

あなたがもともとすべてを完璧に行うタイプでないのなら、整理整頓についてはそこまで無理をする必要はない。

だが気分が沈み、気持ちのよい時間が過ごせないようなら、すぐに片づけよう。たとえば大勢の前で話をする予定があり、その緊張と恐れを克服したくても、プレゼンテーション原稿が見つからないような状態では意味がない。

もしルームメイトや近隣者に不満があるなら引っ越すか、あるいは状況を転換できるなんらかの方法を探す必要がある。

13

競い合うのではなく、助け合う

もしあなたの職場が競争の熾烈な環境なら、助け合うのは無理だと思うに違いない。だが、実際に周囲の人たちを支援すれば、過酷な企業文化を積極的に変えていく行動となり、ひいては自分自身を助けることにもなる。

職場が人を育てるような環境ではないからといって、あなたもそうなるべきではない。あなたが嫌々ながらも同僚の噂話の輪に引き込まれ、後にそれがもとで批判される立場に立たされたとしたら、あなたの自信は著しく傷つくはずだ。比較や競争は、自信を発達させるのになんの役にも立たない。

同僚をよく観察するとよい。もしも内気な誰かが意を決し、ほんのささやかなやり方であっても、職場でいじめを繰り返す社員に立ち向かっているとしよう。あなたがそれに気づいたなら、その行為に敬意を表していると伝えよう。

人の噂話の輪に誘われても、批判的な言動を求められても、しっかり断ろう。誰かがストレスに苦しんでいたら、お茶をいれたり笑わせたりして緊張をやわらげてあげよう。

演技講習会を開催するかたわら、多くの企業を訪れ、社員教育にも携わるニキ・フラックスは次のように語る。

あらゆる職業に深く染みついているのは野心であり、そのために人はいつまでも比較したり、競い合ったりします。

もし私たちがお互いに励まし合うことを学べば、もっと気分のいい毎日が送れるでしょう。食うか食われるかの関係は不要です。

そんな職場を私たちは何度も目にしてきましたが、互いに支援し合う気持ちさえあれば、人々はそのなかで大きく変わっていくのです。彼らは自分自身に満足しており、実にいい表情をしています。

14
自信のある人たちとともにいる

「自信は本物であることと同義だとすれば、自信がある人は本物の人たちを惹きつける」

アニー・アッシュダウン（自信アドバイザー）

本当のところ、あなたの友人はどれくらい自信があるのだろう？　気持ちが不安定な人ばかり？　あなたの交友関係のなかで、本書のような本を読んだり、セラピストに診てもらったり、新たなテーマの講習を受講したりして変わりたいと思っている人は誰だろう？

もしもあなたが、誰かと一緒にいると気持ちが落ち着かず、気分がすぐれなくなるので、なるべく人を避けたいと思っているなら、それを変えるのは今だ。

自信に溢れた人たちと一緒にいるようにしよう。自信に溢れた人を友人にもとう。私たちは第6章ですでに、ネガティブな人はあなたの自信を損なうと述べた。彼らを避けることは始まりの第一歩であり、ポジティブで自信溢れる人を探すのが目下の課題だ。

これは誰かを見捨てるという意味ではない。自分のために、新たな友人を見つけ出そうとするだけだ。

あなたが、この14の習慣は簡単に実行できると思ってくれたら幸いだ。大きな行動を起こすのは難しい。なぜなら規模が大きければ、それだけ勇気も必要になるからだ。

私たちが、毎日のささやかな変化を提案する理由はここにある。一度に複数の習慣に取り組みたくなるだろうが、それだけでも大きな負担がかかるし、結果も思ったほどではないかもしれない。
負担が大きいと感じるようなら無理はしないこと。集中するのはひとつの習慣にとどめ、それがルーティーンに定着するまで続けよう。そのあとで次に移ればいいのだ。

次の質問を自分にしてみよう。

①現在、自分で自信を感じられる毎日の習慣は何だろう？
②自分にとって好ましくないと感じるような毎日の習慣は何だろう？
③あなたの自信に対して、もっとも効果が期待できるのはどの習慣だろう？
④あなたの周りに、自信をつけるための効果的な習慣をもつ人はいるだろうか？　それは誰だろう？　彼らから何が得られる？
⑤ポジティブに、そして自信をもって考える習慣を身につけるためには、何ができるだろう？

第10章 日々、自信を追いかける

CHAPTER 10 KEEPING TRACK OF YOUR CONFIDENCE EVERY DAY

本書を購入するまで、おそらくあなたは、自信とは何だろうという疑問を抱いていたことだろう。また、それまで試してみたことが、何ひとつうまく機能しなかったのではないだろうか。

本書に登場する専門家たちは、それぞれ立場こそ違え、口を揃えて同じことを言う。すなわち、本物の自信とは人の内側からわき上がるもので、決して作られるものではない。

ここまでで、自信を感じるための土台となる広い見識や専門知識、スキルを学び、モチベーションが高まっているようならありがたい。

さらに、小さな目標に挑戦し、その成功を喜べるようになり、どんな状況も一歩ずつ乗り越えていけると思えるようになっていたら理想的だ。

異なるタイプの自信を身体のなかで感じられるようになれば、そのなかであなたが探すべきものがどれかがわかるだろう。心臓がドキドキしていたり、喉が渇いて水分をたくさんとりすぎていたりするなら、それはどう考えても自信がある状態ではない。

ある状況のなかにいて気持ちが穏やかで心地よく、ほんの少しの高揚感を伴うような状態こそ自信と言って差し支えない。

本書ではここまで、自分がどんな人間なのかという観点から、自信についてさまざまな検討を加えるよう促してきた。

今では、自分がなぜ自信不足なのか、人生のどんな要素に影響を受けてきたのかについて理解が深まっているだろう。

そうした自分をこれ以上責めることはない。実際、自信に影響を与えてきたのはあなたの内なる問題ではなく、どちらかと言えば周囲の環境であり、もう学校や企業をはじめとするさまざまな外的要因を冷静に振り返ることができるはずだ。

確かに自信という遺伝子をもって生まれてきた人もいる。だが、本書に登場するすばらしい専門家たちは、誰もが自信とは学ぶことのできるスキルであると示してくれた。

私たちはこれまで、自分がどんなタイプの自信を望んでいるのかよく考えるよう示唆してきたが、一方では自分に正直であることの重要性も強く主張してきた。

もしあなたが物事を多少誇張して言うタイプなら、自信について語る際は、そうした物言いは避けたほうがいいだろう。言い方を変えるなら、宣伝する必要はないということだ。うまく語る必要はない。姿で示せばよいのだ。もしあなたが控えめで内省的なタイプなら、そのままでよい。自信と声の大きさには相関関係はないのだ。

本書を通じて、私たちはアドバイスというとてもシンプルな形で、自信をさらに発展させる方法を提示してきた。

自信とは直接関係のないように見える話もあったかもしれないが、それはあなたのなかにある、自信の基礎とでも言うべきものをより強固にするはずだ。そしてこの最終章では、自らのアプローチが信頼できるよう、自信を確立するための一連の習慣を紹介する。この習慣がルーティーンとして定着していけば、あなたは本物の自信を感じることができるだろう。

本章では、大切な基本事項に取り組んでいく。日常生活である。私たちは、習慣を確立しようと取り組み始め、いくつかの課題を乗り越え、ときにはどんな物事や人物が自信に影響を与えるのかに気がつくようになったものの、それでもまだ基本的な障害物を見過ごしてしまうことがあると知っている。

そこであなたにお渡しするのが、言わば、完璧なタイカレーのレシピだ。私たちはあなたに、どこへ行けば本物のタイの材料を仕入れられるか、どのスーパーマーケットに必要なものがすべてそろっているのかを教えることができるし、カレールーは一から作り始めるのか、それとも出来合いのものを買うのかという選択肢を提供することもできる。しかし、あなたのキッチンが散らかっていたら料理も満足にできないし、基本的な調理道具がなければ、いくらアドバイスしても無駄なだけだ。

本章は、いくつかの基本的な人生設計からスタートする。日常生活や家庭生活のルーティーンだ。多くの人がほとんどの時間を費やす、仕事。人間を取り巻く環境である社会的状況全般。そして最後は、自信のレベルを大きく左右する、あなたの外見や体形をどうとらえるかという身体イメージ。これらについて検討を加えていく。さらに各セクションでは、潜在的落とし穴を明確にし、そこに陥らない簡単な方法を紹介する。

日常生活の中で人と関わる

自信のスキルを発達させようとする場合、日常生活におけるルーティーンそれ自体が障害になる場合がある。

転職や転居による新しい環境で友人を見つけるためにどうすべきかに自信がなくてストレスを感じるようなら、それはあなたが今、目の前のことにも集中できないほど、そうした問題に心を奪われているせいだ。

そんなとき、自分のなかに引きこもるのは危険である。すぐにこの状況から抜け出なければならない。そのための簡単な方法がひとつある。他の人たちと一緒に何かを行えばよいのだ。自然観察のグループに入ったりマラソン大会に参加するなど、何でも構わない。他の人と直接関わるようなグループに加わればいい。

ただし、いかに短期間であってもウェブを利用したものは賛成できない。

社会心理学者は、個人の自尊心を社会の価値と結びつけてきた。ある著名な世界的研究で、2008年に電子出版された『Personality and Social Psychology Bulletin（パーソナリティおよび社会心理学会報）』によれば、私たちは自尊心を基礎とし、これを社会の支配的価値に置いているという。

この研究【1】はCLLE（トゥールーズ第2大学、ル・ミライユの研究グループ）により、16歳から17歳を対象に、世界19カ国で実施されたものである。

自分だけの世界を出て周りの問題に目を向ければ、それまで降りかかってきたたくさんの刺激からちっぽけな脳を休ませてやれるだけでなく、隣近所や地域、社会全体とつながることで帰属意識を回復し、自分自身がよって立つ、いわば社会の土台が実感できるだろう。

もし地域社会で図書館を守ろうというキャンペーンが行われていて、あなたが大の読書好きなら、なぜそれほど本を読むのが好きなのか、なぜ読書が大切なのかを思い起こそう。

そして、キャンペーンに加わってあなたの情熱を人に伝え、自分自身に対するポジティブな意識をより強固なものにし、「自分は自信も持てない、だめな人間だ」という負のサイクルから抜け出すのだ。

その後、図書館の維持が決まれば、あなたもなんらかの役に立ったと実感できるだろう。維持運動に一役買うことができたのだから、自分はだめだという劣等感からも救われるはずだ。

「人とつながろう。そうすればあなたのやることがすべて重要になる」

パッツィ・ローデンバーグ（ボイス&リーダーシップコーチ）

あなたの周りにあるなんらかの組織や団体の一部になるということは、単に加わればよいというわけではない。

いかなる状況にあっても、周りの人間に目配りをすることだ。常に行く手を不運にさえぎられる人生から抜け出すには、人生の途上で出会うすべての人と、なんらかのつながりをもとうと努力してみればいい。

デートに尻込みしがちなら、毎日、路上で人に出会うたびに「おはよう」と声をかけてみよう。見知らぬ人と出会う怖さを克服する第一歩になるだろう。

パーティーに行くのが面倒なら、職場の近くのカフェでコーヒーを飲むときに、バリスタと天気の話をしてみよう。会話の糸口をつかむ練習になるはずだ。

仕事でプレゼンテーションするのが怖ければ、家族で地元のピザ屋に行き、注文をとりにやって来たウェイターに出身地をたずねてみよう。周りが知り合いばかりだとしても、人前で話をする、ちょっとした経験になるだろう。

人とつながりをもつことは、自信というエンジンにガソリンを注ぐようなものなのだ。

家族との関係を改善する

自信の根幹が家族と結びついているなら、自信を揺るがせるのもまた家族であることは当然だ。家族の何人かとは、穏やかな会話を交わそうと何度心がけても、最悪の事態を迎えてしまうのはなぜだろう？

自分に自信が足りないせいだと思うかもしれない。だが、それは間違いだ。たいていの家族にとって、それはごくありふれた光景なのだ。出来事をありのまま受け入れ、できればユーモアをもって受け止めることができたら、気分も軽くなるだろう。

たとえ大人であっても、簡単に自己中心的になり、子どもじみた考えから抜け出せなくなるものだ。もしもあなたが自分の両親を、かつて自信をなくし、いまだに取り戻せないでいる人たちだと思って眺められれば、今より思いやりをもって接することができるのではないだろうか。

母親が口うるさいのは、かつて彼女の母親もそうだったために、親は子どもに厳しいものと思い込んでいるせいだ。父親が何くれとなく関わってくるのは、密かに感じている心配事からあなたを守ろうとしているからだ。あなたの兄弟が必要以上に対抗意識を燃やしてくるのは、彼らがあなたに一目置いているか、あなたの人生の選択を羨んでいるからかもしれない。

もちろん実際のところはわからない。いずれにせよ大切なのは、衝突が起きたとき、それはあなたのせいではないと肝に銘じることだ。

職場での自信を回復する

私たちは多くの時間を仕事に費やしている。これが私たちの自信にどう影響を与えているのかを知ることは、大切な要素のひとつだ。

体裁を繕ったり、気難しい上司に仕えたり、どうも同僚とは馬が合わないと感じたりしながら一日を過ごしていたら、たとえあなたが仕事ができるとしても、さまざまな感情が頭をよぎるのは仕方ない。

自分という人間に対するささいな疑問が、次々に心のなかに浮かんでくる。なぜ同僚たちは、夜一緒に外出しようと誘ってくれなかったのか？　どうして経験の浅いあの子が、いつもほめられるのか？　なぜ直属の上司は、自分のアイデアをみんなのアイデアだと言うのか？　恒例のクリスマスパーティーを、どうやってやり過ごしたらいいんだろう？

そんな疑問を毎日考えてばかりいたら、仕事に対する自信さえ徐々に失っていく危険性がある。

もしもあなたの職場環境が大変厳しいものならば、そうした状況は命取りになりかねない。

自信喪失という負のスパイラルに陥るのは避けよう。

ライフコーチのドーン・ブレズリンは、出勤前に心を刺激し、活力を与える必要があると言う。彼女によれば効果的な方法は、出勤途上（または帰宅途上）で自己啓発に関するオーディオブックを聞いたり、瞑想したりすることだ。

就業中にヘッドホンの装着が許されているなら、音楽を聴くのもいい。自分専用のカップを用意するのも、自分自身を感じるためのよく知られた簡単で効果的な方法である。

「お気に入りのカップでお茶を飲むなど、一日のなかで数秒でも数分間でも構わないので、定期的に自分を取り戻すための時間をとりましょう」とブレズリンは言う。

職場における大きな危険は、自分の性格には欠陥があると勝手に思い込み、希望を失うことだ。

たとえば私たちは外向的な人物がセールスに向いていると考えがちだが、自信に関する専門家であるトマス・チャモロ゠プリミュージク博士は、セールスで成功した人のなかには内向的性質を備えた人も大勢いると指摘する。

学生時代、あなたも一度くらいは、その夢は君の性格では無理だから諦めたほうがいい、などと言われたことがあるのではないだろうか。さらに追い打ちをかけるように、試験の成績が伴わないとか、その分野にはもともと適性がないなどと言われることもある。

これではあなたの自信が徐々に損なわれていくのも不思議ではない。だが、今もし十分な手当が支給され、夢を追いかけるチャンスを得たとしたら、あなたはかつての夢を実現させようと思い立つかもしれない。

いくらあなたには合っていないと言われても、自分を疑わず、抱き続けてきた夢である。さもなければ、すでに忘れ去っていたはずだ。

「もし、こうしたいというものがあるなら、否定的な意見に負けてはいけない。そのためには最低限の自信が必要だ。すべての人に必要なのは、否定的な意見を言う彼ら自身が、間違ったアドバイスの犠牲者だと知ることだ」

トマス・チャモロ＝プリミュージク博士（心理学者）

パーティーやデートを乗り切る

仕事の一環としての人脈作りのために知らない人ばかりのパーティーに参加したり、義務的に結婚式や誕生日のパーティーに参加したりすることがあるだろう。いずれにしても、苦しい試練を伴う。

チャモロ＝プリミュージク博士は言う。

「パーティーに参加するのが怖いなら、まずそこまで行くのを第一の目標にしましょう。第二の目標は、誰もが遭遇する問題に対処すること。つまり、ほとんどの人が自分のことで精いっぱいで、みんな不安を隠しているのです」

こういう状況に対してこれまで一般的だったのは、自信がある振りをしなさいというアドバイスだった。しかし彼によればそれは現実的ではなく、しかも不要だ。

「無理に話そうとしなくて大丈夫。まず飲み物を口にして、リラックスしましょう」

それでも、多少自信があるかのように振る舞わなければならない分野がある。デートだ。博士は、こうアドバイスする。

デートの最初の段階では不安な様子を見せてはならない。そして、まずは打ち解け、相手の気分をほぐし、デートを就職面接試験のように扱うのだ。
「あなたのよい面をアピールしましょう。賢い人は、互いの関係が築ければ、物事はあとから変わっていくのだとわかっています」

あらゆる専門家は一様に、反復すれば心の負荷は減っていくと口を揃える。さらに、たとえばCEOや著名人など、社会的に大きな成功を収めた人たちは、パーティーやデートなど、さまざまな社交の場での対応法を学んでいる。それがたとえ30分程度の催しであろうが、彼らはその場で自分らしく振る舞うための努力を惜しまないのだ。

アニー・アッシュダウンは、大勢の人が集まる場所を乗り切る方法を次のように語る。

●「これは困った、かなり緊張してるぞ」ではなく、「ここにいる大勢の人たちも、たぶんみんな緊張しているはず」と考えてみよう。
●自分自身に問いかけてみよう。
「これって違ったやり方でできないの?」

「誰か笑わせることができるかな?」
「刺激したりやる気にさせたりして、人の役に立てないものだろうか?」
●ひとりできまり悪そうに立っている人を探し、その人に近づいてこう言おう。
「すみません、こういう場所にいるとすごく緊張しちゃって」

また、ニキ・フラックスは身体をうまく使って緊張をほぐす方法をこう語る。

●パーティー会場に着いたらまっすぐトイレへ向かい、個室に入りドアを閉める。そして、両手を上に伸ばし、身体を揺すって、深呼吸をする。次に、両手を下ろして大きく笑顔を作る。トイレを出て会場に入るときには、解放された気分で、自分が大きくなったように感じているはずだ。そんなあなたは自信に溢れた姿に見えるだろう。
●背中に羽が生えているイメージをもとう。胸を張り、肩の力を抜いて、少し後ろに引く。こうすれば、「あぁ、自分はなんて格好悪いんだろう。少し太り気味だし」などという考えが起きにくくなる。
●緊張を感じたらトイレに行き、個室に入って、身体を大きく揺らす。個室から出るときには気分も新たになり、活力が戻っているのに気づくはずだ。

身体をイメージして生活する

自分という人間を知り、自らがもつ内面の美しさを見出すことがいかに重要か、私たちは誰もが理解している。だが、事はそう簡単に運ぶものだろうか？

第一に、自分の容姿という問題がある。見事に割れた腹筋を目指して頑張っている男性であろうが、痩せようと必死になっている女性であろうが、あるいは頭が禿げたり、目じりにひどい皺ができたりするのをひたすら気にしていようが、まずは現実に起こりつつある事実を知り、そのうえで、なぜそれが、どのようにあなたの自信に影響するのかを把握しなければならない。

周りの人たちがあなたのことを評価しているように感じるだろうか？　あなた自身も自分のことを評価しているだろうか？　どういう外見なら満足でき、気に入らなくて隠している部分はどこだろう？

満足できる部分と隠している部分を判断するのは難しく、時間と自己認識が必要だ。また、気に入らない部分を隠せたとしても、それによって不安が増大するのか、払拭できるのかを見極めるという課題が残る。

では、美顔術とダイエット、運動プログラムのどれが本当によいことなのか、現実のプレッシャーに押し潰されているのか、誤った現実に浸るべきなのか、いったいどう判断すればよいのだろう？

私たちは、ボトックスやボディビルを過剰に行っている人を知っているが、彼らがその効果を喧伝しても、信じがたいものがある。あなた自身、ベストだと信じて行っていることが、果たして健康的なものなのかどうか、どうやって判断できるだろう？

ここで自信の定義に立ち戻ってみよう。特に自信が身体にもたらす感覚、そこに答えがある。すなわち、穏やかな鼓動と多少の高揚感が正解である（ちなみに自信過剰がもたらすもの、すなわち高まる心拍数、アルコールまたは糖分に対する欲求、あるいは私たちを酔わせるもの、そして注目されたいという要求と比較してみるといい）。

もしも今、私たちが暮らす社会がアンチ・エイジングや完璧な身体への強迫観念に満ちているとすれば、この分野で自信を発達させるのは難しい。そして、特に重要になるのが、自分自身にやさしくあることだ。

アッシュダウンが指摘するように、美容整形は誰もが崇める一種の宗教となり、老化プロセスに一歩先んじようとするのは何も女性だけではなくなった。
「これは結果主義、若さ至上主義文化です。年を重ね、容貌に対する自信を失っていくことに恐怖心を抱くクライアントのなんと多いことでしょう。たくさんの人が整形手術を受けていますし、それをとやかく言うつもりはありませんが、彼らに魂の手術という選択肢がないのが実に残念です。完璧主義は、21世紀の流行病になったと言っていいでしょう」

私たちはしばしば、自分のせいだと考えるのはやめようとアドバイスする。あらゆる場面で自信を増幅させる推進力となるものを試し、自信を奪うものに気づき（第6章）、習慣を形成しながら自信を発達させていけば（第9章）、自分の心が自信のなさからくる不安に影響されにくくなっていると気づくだろう。

本書に登場する専門家たちは各分野におけるリーダーでもある。彼らの話は単なる提案ではない。十分な試行を重ねた実践的方法なのだ。もちろん、すべてが万人に有効に働くと考えているわけではないが、あなたにも実践できる方法がたくさんあるはずだ。もう一度、本章に立ち戻り、振り返ってみよう。そして、すぐに取り組めそうなところからスタートし、どんな違いが生まれるか、ぜひあなたの目で確かめてほしい。

WHAT NEXT?

さて、次にやるべきことは?

この時点であなたが笑顔で、これなら自分でも取り組めると感じていたら嬉しい限りだ。注意してほしいのは、私たちは、自信を「見つける」、あるいは自信があるように「行動する」といった表現は用いず、自信を「発達させる」という表現を使っていることだ。これはそのプロセスを表したいからだ。

私たちは、誰もが内なる能力を備えている。ひとりの人間として新たな状況を乗り越えていく力、それが自信だ。自分に問題があるのではないかと、自分自身を疑う必要はない。では、次に何をすべきか? それは、この先の人生で何をマスターしたいのかを決め、そのためのプロセスを具体的に計画することだ。

本書の目的は、最新の研究やその道の専門家の助けを借り、自信に関するさまざまな質問や自分自身を知るためのたくさんのテストを通じて、あなたが自分のアナリスト、そしてコーチになれるよう手助けすることである。

あなたはゆっくりと読み進めながら、掲載されたすべての質問に答え、テストをこなし、体系的に本書を理解されたかもしれない。あるいは概要を知るために、ざっと目を通しただけかもしれないし、必要と思ったところだけ拾い読みしたのかもしれない。

私たちは決まった方法があるとは思っていないので、次にこれをやりなさいと言うつもりはない。ただし、あなたがやるべきだと感じたものがあれば、早急に、しかも毎日、取り組んでいただきたい。

本物の自信とは、必要なときだけ手軽に取り出せるようなものではない。自分の内部からわき起こるので、それを定着させるためには、日々、本当の自分と向き合うことが必要だ。偽りの自信――それは仮面であり、あなた自身ではない――が機能しない理由はここにある。

私たちはあなたに、考えなければならないたくさんの問題を提起し、さまざまなアドバイスをしてきた。いよいよ考えることから、実際の行動に移すべきときだ。全力で取り組もう。あなたが経験する、あなたでなければできない本当の旅について、報告してもらえたら幸いである。

参考文献

第1章

1 'Perceived self - efficacy is defined as people's beliefs about their capabilities to produce designated levels of performance that exercise influence over events that affect their lives.' A. Bandura. 1994. Self - efficacy. In V. S. Ramachaudran (Ed.), *Encyclopedia of Human Behavior* (Vol. 4, pp. 71–81). New York: Academic Press. (Reprinted in H. Friedman [Ed.] (1998), Encyclopedia of Mental Health. San Diego: Academic Press).

第4章

1 University at Buffalo. 'Who am I? New study links early family experiences, self - esteem with self - clarity.' ScienceDaily. ScienceDaily, 9 March 2015. <www.sciencedaily.com/releases/2015/03/150309093301.htm>.

2 Professor Robert Plomin, Institute of Psychiatry, King's College London. http://www.kcl.ac.uk/ioppn/news/records/2009/06June/Academicself-confidence50natureand50nurture.aspx.

第5章

1 Amy Novotny. 'Understanding our personalities requires a lesson in history.' *Monitor*, December 2008. http://www.apa.org/monitor/2008/12/kagan.aspx.

第6章

1 Baumeister et al. 2003. 'Does self - esteem cause better performance, interpersonal success, happiness or

healthier lifestyles?' *Psychological Science in the Public Interest* Vol. 4, No. 1.

第7章

1 Concordia University. 'Boosting self-esteem prevents health problems for seniors.' ScienceDaily. ScienceDaily, 12 March 2014. <www.sciencedaily.com/releases/2014/03/140312132623.htm>

第8章

1 University of Edinburgh. 'Self-delusion is a winning survival strategy, study suggests.' ScienceDaily. ScienceDaily, 14 September 2011. <www.sciencedaily.com/releases/2011/09/110914131352.htm>

2 Brunel University. 'Facebook status updates reveal low self-esteem and narcissism.' ScienceDaily. ScienceDaily, 21 May 2015. <www.sciencedaily.com/releases/2015/05/150521213743.htm>

3 University at Buffalo. 'Facebook photo sharing reflects focus on female appearance.' ScienceDaily. ScienceDaily, 7 March 2011. <www.sciencedaily.com/releases/2011/03/110307124826.htm>

4 Columbia Business School. 'Social networks may inflate self-esteem, reduce self-control.' ScienceDaily. ScienceDaily, 14 January 2013. <www.sciencedaily.com/releases/2013/01/130114133353.htm>

5 University of California – Berkeley Haas School of Business. 'Why are people overconfident so often? It's all about social status.' ScienceDaily. ScienceDaily, 13 August 2012. <www.sciencedaily.com/releases/2012/08/120813130712.htm>

6 William James. 1890. *The Principles of Psychology*. Dover Publications; reprint edition (June 1, 1950).

7 University of Georgia. 'High self-esteem is not always what it's cracked up to be.' ScienceDaily. ScienceDaily, 28 April 2008. <www.sciencedaily.com/releases/2008/04/080428084235.htm>

8 Detroy Paulhaus, P.D. Harms, M.N. Bruce, and D.C. Lysy. 2003. 'The over-claiming technique: measuring self-enhancement independent of ability.' *Journal of Personality and Social Psychology* Vol 84, No4: 890-904

第9章

1 University of Melbourne. 'Self-confidence the secret to workplace advancement.' ScienceDaily. ScienceDaily, 18 October 2012. <www.sciencedaily.com/releases/2012/10/121018103214.htm>

2 Ohio State University. 'Body posture affects confidence in our own thoughts, study finds.' ScienceDaily. ScienceDaily, 5 October 2009. <www.sciencedaily.com/releases/2009/10/091005111627.htm>

3 Army J.C., Cuddy, Caroline A. Wilmuth, Andy J. Yap, and Dana R. Carney. 2015. 'Preparatory power posing affects nonverbal presence and job interview outcomes.' *Journal of Applied Psychology* Vol.100, No.4: 1286-95. Dana R., Carney, Amy J.C. Cuddy, and Andy J. Yap. 2010 'Power posing: brief nonverbal displays affect neuroendocrine levels and risk tolerance.' *Psychology Science* Vol.21, No.10: 1363-68.

第10章

1 CNRS (Délégation Paris Michel-Ange). 'Culture influences young people's self-esteem: Fulfillment of value priorities of other individuals important to youth.' ScienceDaily. ScienceDaily, 24 February 2014. <www.sciencedaily.com/releases/2014/02/140224081027.htm>

リアル・サイコロジー・シリーズ

自信がつく本

発行日　2019年6月30日　第1刷

Author　PSYCHOLOGIES

Translator　中野眞由美　髙橋功一（翻訳協力：株式会社トランネット）

Book Designer　竹内雄二

Publication　株式会社ディスカヴァー・トゥエンティワン
〒102-0093　東京都千代田区平河町2-16-1 平河町森タワー 11F
TEL　03-3237-8321（代表）　03-3237-8345（営業）
FAX　03-3237-8323
http://www.d21.co.jp

Publisher　干場弓子
Editor　藤田浩芳

Marketing Group
Staff　清水達也　千葉潤子　飯田智樹　佐藤昌幸　谷口奈緒美　蛯原昇　安永智洋　古矢薫
鍋田匠伴　佐竹祐哉　梅本翔太　榊原僚　廣内悠理　橋本莉奈　川島理　庄司知世
小木曽礼丈　越野志絵良　佐々木玲奈　高橋雛乃　佐藤淳基　志摩晃司　井上竜之介
小山怜那　斎藤悠人　三角真穂　宮田有利子

Productive Group
Staff　千葉正幸　原典宏　林秀樹　三谷祐一　大山聡子　大竹朝子　堀部直人　林拓馬
松石悠　木下智尋　渡辺基志　安永姫菜　谷中卓

Digital Group
Staff　伊東佑真　岡本典子　三輪真也　西川なつか　高良彰子　牧野類　倉田華
伊藤光太郎　阿奈美佳　早水真吾　榎本貴子　中澤泰宏

Global & Public Relations Group
Staff　郭迪　田中亜紀　杉田彰子　奥田千晶　連苑如　施華琴

Operations & Management & Accounting Group
Staff　小関勝則　松原史与志　山中麻吏　小田孝文　福永友紀　井筒浩　小田木もも
池田望　福田章平　石光まゆ子

Assistant Staff
俵敬子　町田加奈子　丸山香織　井澤徳子　藤井多穂子　藤井かおり　葛目美枝子　伊藤香
鈴木洋子　石橋佐知子　伊藤由美　畑野衣見　宮崎陽子　並木楓　倉次みのり

Proofreader　文字工房燦光
DTP　有限会社マーリンクレイン
Printing　日経印刷株式会社

ISBN978-4-7993-2484-4